AF607555

Confesiones de un médico

Un ensayo filosófico

Alfred I. Tauber

Confesiones de un médico

Un ensayo filosófico

Traducción de Antonio Casado da Rocha

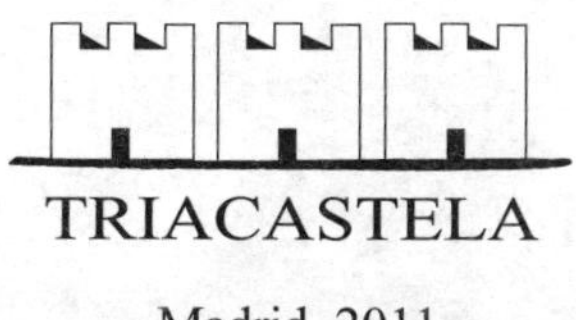

Madrid, 2011

COLECCIÓN HUMANIDADES MÉDICAS, NÚM. 30

Confesiones de un médico
1.ª edición, Madrid, Triacastela, 2011

Cuadro de cubierta: Sir Luke Fildes, *The Doctor* (1891)

Revisión de Eduardo Clavé, médico internista.

Guzmán el Bueno 27, 1.º dcha.
28015 Madrid
Tlf./Fax: 915 441 266
editorial@triacastela.com
www.triacastela.com

ISBN: 978-84-95840-60-8

Deposito legal: M. 26.306-2011

Impresión: Efca

Sumario

[illegible]

Prefacio a la edición española

Todo autor tiene su favorito entre los libros que ha escrito. El mío es *Confesiones de un médico*. Doce años después de su publicación no siento ninguna tentación de revisarlo. Eso es bien raro para un escritor, así que tal vez merezca una explicación. *Confesiones* todavía ocupa un lugar central en mi imaginación, quizá porque este libro marca una transición en la que pasé de científico a especialista en ética, de físico a metafísico. Irónicamente, esa transformación me convirtió en médico. Escribir mi historia me ayudó a definir y aclarar lo que sucedió entre esos cambios, y por qué.

Confesiones representa de varias formas esa transición, al abordar el problema del conflicto entre dos maneras de ser y pensar: una que prioriza el análisis y la lógica asociados con el razonamiento científico y otra que me orientó hacia el mundo de las relaciones. Sería simplista decirlo en términos de *objetividad* versus *subjetividad*, o de ciencia versus empatía, pero ciertamente mi atención pasó de un universo de hechos a otro gobernado por valores. Y, de nuevo, no puedo concretar por qué realicé ese movimiento, pero obviamente buscaba un nuevo equilibrio entre mis preocupaciones personales. Por un lado, me había entregado a la ciencia como vía para alcanzar certidumbre, en un tiempo (el de mis primeros años de formación médica) en el que nada parecía estable. Como cuento en el libro, mi elección profesional se basó sobre todo en dilemas psicológicos y existenciales, así como en la crisis política generada en Norteamérica por la guerra en Vietnam. Acepté con gusto la miopía de un proyecto de investigación restringido porque me ofrecía un modelo de conocimiento y una manera de atajar los asuntos personales que me dejaban perplejo. Por otro lado, el laboratorio no podía responder suficientemente las preguntas que me inquietaban, y aunque otros podrían haberse quedado satisfechos en el laboratorio y el hospital, y vivir con esos problemas, yo no pude.

Solo en un momento posterior de mi carrera, cuando tuve más madurez y seguridad, me embarqué en una ruta más directa para responder a los desafíos morales que subyacían a mi actividad como médico, y que cada vez ocupaban más mi pensamiento. A los 40 comenzó en serio mi transición hacia la filosofía. Diez años después emergieron estas *Confesiones* como remate de mi cambio de perspectiva. Tras sufrir una profunda reorientación a nivel personal había asumido una postura moral diferente, que este libro trató de atrapar.

El primer borrador del manuscrito fue escrito con furiosa intensidad en diez días del verano de 1997. Las ideas que conforman *Confesiones* emergieron como una declaración conjunta que presentaba con claridad mis prioridades morales y ponía de relieve preocupaciones que habían permanecido en la sombra durante mucho tiempo. Como puede comprobarse mediante la lectura, lo que escribí fue un ensayo de lo que podría llamarse «divulgación filosófica» o «filosofía popular». Mi intención primaria era dirigirme a mis colegas médicos y a sus pacientes, y mantener como (posibles) testigos a filósofos profesionales y especialistas en ética. Utilicé anécdotas personales y resúmenes de diversas posiciones filosóficas para hacer mi argumento accesible y para disipar la clase de reservas que muchos lectores sienten ante un texto filosófico. Las historias sacadas de mi trayectoria profesional no tenían más objeto que articular y enfatizar algunos aspectos de mi argumento filosófico, pero adquirieron vida propia, tanto para mí como narrador como para muchos lectores, que me han comentado a menudo que fueron esas historias lo que más les afectó en el texto. Mejor confesar que pontificar.

Mi descripción de la asistencia sanitaria moderna y mi propio papel como participante activo en ella me mostraron lo fácil que había sido para mí esconderme tras una máscara de ciencia y autoridad, que en el fondo solo me distanciaba de mis pacientes. Así que aquí insistí en que relacionarse con la enfermedad en lugar de hacerlo con el paciente mismo tiene consecuencias morales para ambos. Propuse una ética para remediar esos problemas. Abracé un humanismo más antiguo y confié en una renovada conciencia de responsabilidad moral. La relación médico-paciente, pensé, debe recapturar una dialéctica que considere la dignidad del paciente como lo más importante.

En algunos aspectos, mi testamento sigue grandes temas que han sido bien trabajados por otros, pero mi aportación a la ética médica fue realizada desde fuera de la disciplina. Lamentaba que el campo académico de la ética médica se hubiese convertido en otro síntoma de la crisis en la medicina clínica. En lugar de ver a la ética médica como una especialidad encargada de abordar emergencias provocadas por la seductora aplicación de tecnologías clínicas, sostengo que todos los pacientes presentan un desafío moral, y por lo tanto que todos los médicos son especialistas en ética. Lo ordinario debe reconocerse como extraordinario. De hecho, mantengo que la ciencia y la tecnología médicas están al servicio de un mandato moral de cuidado, y que cada caso exige una refinada conciencia ética.

La exposición sigue un guión sencillo. La medicina norteamericana perdió esa intimidad en la relación médico-paciente, que presuntamente existió en épocas pasadas, a causa de dos dislocaciones históricas descomunales. La primera descentró al paciente a ojos del médico debido a la intensificación (y a la seducción) del estudio de la enfermedad objetivada. Nadie pone en duda la bondad de sus frutos, pero algo cambió irreversiblemente en el cálculo moral de la enfermedad del paciente, pues el cientificismo que ahora prevalece en la medicina clínica usurpa con frecuencia el carácter humano de la relación médico-paciente. La segunda dislocación se dio a partir del protagonismo alcanzado por la medicina corporativa, en la que el médico se convierte social y económicamente en un personaje secundario. Los resultados han perturbado el binomio médico-paciente, pues la combinación de avaricia corporativa y subsiguiente desconfianza por parte de los pacientes provocó una epidemia de denuncias por negligencia y medicina defensiva. Con mi llamada a revisar los valores que rigen la educación médica yo intentaba resistir la continua pérdida de confianza de los pacientes, algo que solo podría remediarse con la militancia de los médicos.

El contraste que planteé entre el médico tecnócrata y el amable era deliberadamente exagerado, pues opté por hacer del médico el paladín del paciente, limitando así su responsabilidad únicamente al bienestar del paciente, por encima de otros intereses en conflicto. Invoqué una reafirmación de la conciencia ética basada en una posición filosófica inspirada por Emmanuel Levinas. Su postura, aunque complicada e innecesariamente opaca, se reduce a un sencillo adagio: la ética comienza con el reconocimiento del otro y, en ese reconocimiento, se demanda una respuesta de la que surge la responsabilidad, la capacidad de responder —*response-ability*—. En medicina esa fórmula viene dada, porque la relación asistencial estructura la identidad moral del médico en esa línea. Los médicos se preocupan por otros. Cómo lo hagan (mediante la ciencia y la tecnología) depende de los medios a su disposición. Estos cambian con el tiempo, pero la estructura moral permanece en pie.

Confesiones respondía a un mundo médico inmerso en una transformación radical, y entre los tremendos cambios vislumbré que las expectativas defraudadas de los pacientes eran representativas de un orden moral nuevo. Bajo los movimientos financieros, la invasión corporativa, la creciente presencia gubernamental y la cada vez mayor demanda de profesionalidad ejercida sobre los médicos, me di cuenta de que la identidad profesional que había soñado en mis años de estudiante y médico en prácticas ya no existía. No solo las transformaciones sociales habían alterado las relaciones básicas que guiaban mi trabajo; en el fondo, el adhesivo que unía a médicos y pacientes había cambiado su fórmula y ya no estaban tan *pegados* el uno al otro. Me sentía incómodo con el nuevo orden y, al buscar entender lo que estaba ocurriendo, me di cuenta de que esos cambios también me habían alcanzado. No me gustaba lo que veía y, en el fondo, no me gustaba ver en qué me había convertido. De manera acrítica, y por tanto involuntaria, yo también era parte del problema.

Como respuesta a esta crisis de identidad presenté una triple estrategia para poner algo de lastre filosófico con el que equilibrar los bandazos de la profesión médica. Sostuve que, primero, no responder al desafío planteado por las fuerzas que nos alienan unos de otros demuestra una falta de sensibilidad moral con penosas consecuencias para los universos sociales y personales que habitamos. Segundo, que aceptar una epistemología objetivadora, sin el contrapeso de la empatía y otras formas de conocimiento, supone una privación de recursos humanos cruciales. Los diversos modos de conocimiento deben asumir su lugar cabal en el juicio y la acción, y si no somos conscientes de esos valores al tratar con otros sufriremos las sofocantes consecuencias de la ignorancia y la necedad. Finalmente, sostuve que para buscar activamente el propio camino ante tan seductoras demandas y opciones hace falta una autoconciencia tanto moral como epistemológica, unida a un compromiso con la integridad individual. Esta autoconciencia coordina los dos primeros preceptos.

Así que, si *Confesiones* tuviera un solo mensaje, este sería que la autoconciencia ética y el razonamiento moral imaginativo son recursos personales que han de cultivarse para responder al desafío de defender la agencia moral en una época que no confía en fórmula alguna y duda de todas las autoridades. Habrá a quien no le guste la ética de la virtud implícita en ese enfoque, pero a mi juicio el utilitarismo no es correcto y las deontologías basadas en el deber han fracasado por completo; la doctrina religiosa obliga solo a unos pocos creyentes verdaderos y el pragmatismo carece de fundamentos sólidos más allá de la conveniencia. Podría seguir mencionando las diversas teorías morales y las pegas que les encuentro, o razonar una solución sincrética que las combine, pero aquí deseo recalcar que al margen de la escuela de pensamiento que oriente la propia ética, cualquiera de ellas puede incluir la exigencia básica: practiquemos una medicina *ética* en su forma más fundamental. El cuidado del paciente supone reconocer y responder a la *persona* que sufre: no como paciente, no como cliente, no como consumidor, sino como alguien que apela a la humanidad del médico. Esas diversas identidades sociales y económicas tienen sus propias y legítimas demandas, pero no las confundamos con la tarea a cargo del médico.

No propongo ninguna solución general, solo una descripción de los éxitos y fracasos de un hombre que intenta reflexionar sobre lo que hace. Creo que al elaborar mi mensaje aclaré mi propia autocomprensión y tal vez haya conseguido transmitir este enfoque a otros. *Confesiones* fue bien recibido por la crítica. Ganó algunos premios y en 2004 fue traducido al coreano. El libro ha permanecido a la venta durante más de diez años, lo que sugiere que ha conservado cierto atractivo, y los colegas que lo han usado en cursos de ética médica me dicen que a los estudiantes les gusta su carácter íntimo y accesibilidad filosófica. Estos modestos signos de influencia naturalmente me son gratos, así que he continuado los temas centrales de *Confesiones* publicando otros tres libros sobre intereses relacionados.

Completé mi argumento de manera más formal en *Patient Autonomy and the Ethics of Responsibility* (MIT Press, 2005), presentando un detallado examen filosófico de la relación asistencial unido a una crítica de las nociones actuales sobre la autonomía del paciente en los EEUU. Mantengo que las diferentes nociones de autonomía dependen de cómo se construya la identidad personal. A mi juicio, los modelos político-judiciales de la autonomía del ciudadano solo aportan confusión a la experiencia vivida de la enfermedad y a las realidades de la clínica. Creo que la responsabilidad del médico debe basarse en un constructo relacional de la identidad, una postura basada fundamentalmente a partir de la ética feminista. Sobre esta plataforma, muestro cómo el problema de la desconfianza de los pacientes nos lleva a la cuestión de si el médico merece esa confianza, lo que solo ocurrirá si hay un compromiso personal y profesional con la defensa de los pacientes. Aquí mi argumento, como en *Confesiones*, pasa por descartar la gran autonomía del paciente-como-consumidor-y-agente-independiente que tan bien se adapta a la comercialización de la sanidad. Aunque reformula los temas cardinales de *Confesiones*, este libro adopta un estilo filosófico más ortodoxo y dirige su ataque de manera más directa a esas fuerzas que ponen en peligro una medicina más ética.

En *Henry David Thoreau and the Moral Agency of Knowing* (California University Press, 2001) encontré un filón histórico para tratar la cuestión de cómo el conocimiento objetivo puede integrarse con otras formas de conocimiento. Ahí exploré los antecedentes históricos de un tema central de *Confesiones*: cómo traducir el conocimiento científico en algo con sentido personal. La reacción de Thoreau a la profesionalización de la ciencia en el siglo XIX y al surgimiento de nuevas formas de objetividad me proporcionó un caso ejemplar de cómo la ciencia puede dotarse de un contexto más amplio de significados humanistas, presentando así una imagen de la realidad desde la subjetividad humana. El intento no contrapone el modo científico de conocer a otras epistemologías, sino que reconoce cómo las dimensiones morales, estéticas y espirituales de la experiencia pueden encajar con la realidad ofrecida por la ciencia. Jugando con su credo de individualidad imaginativa, Thoreau me proporcionó un poderoso antídoto para el nihilismo nacido en su época y para las sospechas postmodernas hacia la autonomía individual propias de la nuestra.

El mensaje básico de Thoreau se amplió en *Science and the Quest for Meaning* (Baylor University Press, 2009). Allí presento la ciencia contemporánea desde la perspectiva de los estudios actuales sobre la ciencia, que sostienen en general que esta no ha logrado unificar sus métodos, sus criterios ni sus estrategias interpretativas; que sus variadas epistemologías no acaban de alcanzar ninguna forma de objetividad; que las teorías y modelos evolucionan a partir de estrategias creativas muy informales; y que el ensamblaje pragmático de los hechos depende de varios grados de certidumbre y facilidad interpretativa. Estas posiciones habían sido ampliamente desarrolladas en mi anterior crítica a la teoría vigente en inmunología —*The Immune Self, Theory or Metaphor?* (Cambridge University Press, 1994)—, pero con *Quest* me propuse un programa más amplio. *Quest* ofrece una descripción humanista de cómo en última instancia la ciencia debe integrarse en la realidad social y en la situación existencial de los humanos en su cosmos natural. La metafísica de la ciencia y la metafísica de la experiencia personal no pueden ser idénticas, pero el esfuerzo por lograr cierta coherencia es un proyecto inacabado y de gran importancia.

Me parece que puede trazarse una línea recta y continua que va desde *Confesiones* hasta *Quest*. El mensaje expresado una década antes en términos personales, terminó por aparecer bajo la forma de una filosofía humanista de la ciencia aplicable a nuestros días. Esta posición se inspiró, en gran medida, en el desafío de practicar una medicina humana y científica descrito en *Confesiones*. Llamo a mi filosofía rectora una «epistemología moral», que defino como el intento de atrapar la inextricable trama de nuestros valores personales en nuestro conocimiento y nuestros modos de conocer. Los valores no solo evolucionan a través del tiempo y las culturas; son lo que está en juego mientras surcamos y construimos el mundo en que vivimos. Entender este proceso nos proporciona la libertad potencial de ejercer la responsabilidad moral. Esta filosofía subyacía a *Confesiones,* pero me llevó otra década identificar y desarrollar su mensaje.

He trabajado en otras áreas, ampliando estos temas de varios modos, pero baste decir aquí que *Confesiones* presentaba un dilema que tal vez ahora vea con más claridad, pero dudo que en 2010 fuera a presentar mi mensaje mejor que en 1997. Mi cautela se basa en una admisión: ya no siento con la misma intensidad las convulsiones que se reflejan en el libro. Mi angustia se ha suavizado; mi confusión ha dado paso a cierta comprensión confiada; mi sentido del yo se ha hecho más sólido. Y, lo que es más importante, tras cerrar mi laboratorio hace 15 años, culminé la transformación siete años atrás, cuando dejé de practicar la medicina. No soy complaciente, pero han surgido otros asuntos que incitan mi curiosidad. De modo que si, siguiendo el camino de Jean-Jacques Rousseau o Bertrand Russell, fuera a escribir otra autobiografía, esta sería radicalmente distinta en estilo y temas. Hoy el timbre emocional de *Confesiones* tomaría otra tonalidad y su tema, aunque es inagotable, sería de otra naturaleza. Así que admito que las cuestiones de fondo siguen siendo cruciales para mí, pero mi enfoque trataría mejor los convulsivos cambios culturales en los que estábamos y estamos inmersos.

Los asuntos tratados en *Confesiones* (y en los libros posteriores) reflejan el embrollo moderno-postmoderno, que como tal no termina de aparecer en la narración. Si entre sus múltiples atributos entendemos la modernidad como el intento general de reificar la naturaleza y formalizar los modos de conocimiento para encontrar estructuras sociales y naturales estables y alimentar un dominio mecanizado de la naturaleza y de los otros, entonces la postmodernidad es, por el contrario, un retorno a una actitud más escéptica, en busca de una mejor relación ecológica con la naturaleza, y de un pensamiento pluralista que equilibre mejor la razón con la emoción. Si la autonomía del individuo (ejemplificada por el *kantianismo)* es propia de la ética moderna, la postmoderna está dominada por un constructo relacional y pluralista, buscando una actitud moral sin más fundamento que una relación con los otros de gran flexibilidad y capacidad de respuesta. Me he limitado a expresar este cambio filosófico y cultural mediante los detalles y preocupaciones de mi propia experiencia. Atrapado en los torbellinos sociales del final de la década de los 60, como tantos otros de mi generación, me encontré en un mundo en el que las coordenadas de la modernidad estaban siendo rápidamente reemplazadas por una geometría más abierta. Desde entonces, las políticas de la identidad han cambiado convulsivamente en Europa y Norteamérica; las fronteras étnicas y geopolíticas siguieron una nueva lógica; la globalización y el ciberespacio sacudieron las formas establecidas del comercio y la economía; los ataques al liberalismo y a los ideales de la Ilustración se hicieron más feroces; y el universo moral que habitamos absorbió con rapidez una pluralidad de expresiones que sustituyeron la ética establecida y las costumbres convencionales por algo nuevo, cuyo perfil todavía no se distingue bien a la vista.

Si la biomedicina contemporánea es la celebración del triunfo de los ideales modernos, podríamos preguntarnos entonces cómo ha de aplicarse la ciencia clínica en una época postmoderna. ¿Qué valores guiarán la tecnociencia clínica? ¿Cuál es la identidad profesional que mejor responde a la doble demanda de competencia y compasión? En la marea cultural que vivimos, veo *Confesiones* como un intento de regresar a un terreno ético firme que pudiera definir y confirmar las bases para una relación empática entre médico y paciente. No es una tarea fácil. Ese binomio tiene como contexto un descomunal cambio cultural que está transformando la agencia moral y los valores que gobiernan las relaciones interpersonales. Esos cambios vienen acompañados por varias teorías morales, pero sin la posibilidad de lograr un consenso que resultaría perjudicial para el pluralismo. Ante esta situación de inseguridad, sugiero que avancemos mediante una vuelta a lo más básico. Después de todo, ¿no se encuentra el comienzo de la ética y la base de lo social en el reconocimiento y la respuesta genuina a la otra persona? Mi receta para la crisis de la medicina consistió en recordar ese origen primigenio, ya que esa crisis era un ejemplo claro de algo que estaba ocurriendo en la cultura general.

Cuando estoy optimista, creo que *Confesiones* y sus aliados forman parte de un programa que merece la pena, y tengo esperanzas de que otras voces dispersas terminen por converger para formar un coro influyente y efectivo. Cuando estoy más pesimista, me siento como una hormiga en una balsa que se dirige a una cascada enorme y, aunque no sé muy bien cómo estoy yo, tengo la sensación de que algo malo está a punto de ocurrir. Y cuando no estoy ni optimista ni pesimista, sino en algún punto medio de ánimo y expectativas, me contento con desear que aquellos que vayan a cuidarme a mí o a mis seres queridos hayan leído estas *Confesiones*, o algo que se les parezca, y que pongan en práctica su mensaje.

5 de agosto de 2010
Boscawen, New Hampshire

Agradecimientos

Confesiones de un médico se parece a un queso o a un vino que ha ganado con el tiempo. Comenzado en 1992, tras cinco años en barbecho este ensayo ha madurado literalmente durante décadas, en realidad toda mi vida, desde la tierna infancia a la edad adulta. Empezó de manera bastante inocente, como una serie de anécdotas extraídas de mi práctica médica, pero pronto se convirtió en una exploración autobiográfica de mi vida profesional, en la que comento mi carrera clínica desde una perspectiva filosófica. Ya escriba sobre los orígenes de la inmunología en el siglo XIX, sobre la filosofía científica de Goethe, o sobre la naturaleza del pensamiento reduccionista en biología, ahora veo que toda mi tarea investigadora ha sido informada y guiada por una comprensión moral particular. En un sentido obvio, mis trabajos académicos han intentado erigir un puente conceptual entre los territorios de la clínica y el laboratorio por un lado, y el de la filosofía por el otro. La clave de ese esfuerzo fue mi intento de conjuntar visiones del mundo aparentemente dispares bajo una misma disciplina humanista.

Mis colegas en ambos lados de la divisoria han apoyado este esfuerzo con una generosidad insólita, y agradezco de corazón el haber podido desempeñar un rol activo en ambos mundos. Atraer a los estudiantes de grado y postgrado hacia las cuestiones filosóficas que me intrigan, al mismo tiempo que continuaba practicando la hematología, supone dos clases de actividad intelectual muy distintas. Su integración, el juego constante que se establece entre la reflexión filosófica en medicina y el impacto de las preocupaciones prácticas y mundanas sobre la filosofía, ha servido para estimular mi vida intelectual y profesional. Para mí, la flexibilidad institucional que me ha permitido desempeñar estas tareas es un reflejo de la libertad de cátedra, especialmente porque mis intereses nunca coincidían plenamente con un departamento universitario en particular. En el mundo académico, las fronteras institucionales suelen estar patrulladas por guardias armados. Pero en la Universidad de Boston, los Departamentos de Medicina y Patología por un lado, y de Filosofía por el otro, no sufren esa clase de xenofobia, lo que me permite saludar a los colegas de humanidades que dieron la bienvenida a un extranjero como yo. No puedo imaginarme escribiendo este libro en ningún otro entorno.

Los temas que trato, los argumentos que despliego, y las conclusiones a las que llego, son reflejo de muchas discusiones, informales y académicas, con amigos y colegas tan numerosos que no los puedo nombrar ni reconocer formalmente. Pero varios han leído versiones del manuscrito y me han ayudado a clarificar la narración. Especial mención merecen Richard Adler, George Annas, Robert S. Cohen, Anne Dubitzsky, Shimon Glick, Scott Podolsky, David Roochnik y Roger Shattuck. Para ellos solo tengo agradecimiento por haberme apoyado y ayudado a sacar adelante el libro que durante tanto tiempo había querido escribir.

Estoy también en deuda con el personal de The MIT Press, especialmente con Betty Stanton por su entusiasta apoyo y con Judy Feldmann por su perspicaz juicio editorial. Al integrar mis varias personalidades, en lo profesional y lo personal, este ensayo es verdaderamente una «confesión», un intento de sacar de mis experiencias más íntimas recursos para nuestra comprensión moral colectiva. Doy mis más sinceras gracias a todos aquellos que me han ayudado a aclarar los asuntos en los que se centra esta investigación. Finalmente, este libro me acompañó en una compleja navegación personal y, aunque la carga es solo mía, quien me ayudó a enderezar el rumbo fue Paula Fredriksen, a quien este libro está dedicado con mi mayor admiración y amor.

A. I. T.
Boscawen, New Hampshire
Agosto de 1997*

* Nota del traductor
Además de agradecer al autor el prefacio expresamente escrito para esta edición, así como su disposición para charlar sobre estos temas desde nuestro primer encuentro en 2007, quiero expresar mi gratitud hacia el doctor Eduardo Clavé por su paciente labor de lectura y revisión, y a Ion Arrieta su ayuda con la traducción de las referencias bibliográficas y en la revisión de todo el texto. El apoyo de Victoria Camps resultó decisivo para poder publicar esta versión, que pude llevar a cabo pro bono gracias al proyecto de investigación "El concepto de autonomía en bioética e investigación biomédica", financiado por el Gobierno de España, MICINN (FFI2008-06348-C02-02/FISO).

Introducción

Algunas veces, aunque no con demasiada frecuencia, no puedo dormir. Doy vueltas en la cama y mi mente se agita en un mar de sentimientos, ideas, acontecimientos, problemas, miedos y motivos de ira. Anoche, en algún momento entre las doce y el alba, me acordé de Tony DiVilo. Tenía seis años en la primavera de 1976 y yo todavía estaba formándome para ser hematólogo. Tony sufría una leucemia que durante seis meses se había mostrado refractaria a la quimioterapia. No teníamos ningún donante de médula adecuado. Tony tenía aproximadamente la edad de mi primer hijo. Los dos eran activos y fibrosos, de ojos vivos y sonrisa tímida. Pero Tony raramente sonreía cuando su padre le traía a la Clínica. Su madre nunca venía (nunca lo hizo) y no la vi jamás. Había otros cuatro hermanos. Tampoco los vi nunca. Solo a Tony y a su padre.

Una mañana, recuerdo que era un día muy claro, recibí una llamada del Sr. DiVilo. Tony estaba amodorrado, no se le podía despertar. Le dije que trajera al niño inmediatamente al hospital. Cogieron un taxi.

El Sr. DiVilo entró en la sala de espera llevando a Tony en sus brazos, exactamente igual que en la Piedad de Miguel Ángel. El cuerpo estaba gris y tenía una serena belleza. Un rizo negro sobre su frente. Los ojos cerrados. El padre me entregó a su hijo, a quien llevé a una sala de consulta, depositándolo sobre una camilla. Me encontraba a solas con él y olas de emoción pasaron a través de mí mientras contemplaba su cuerpo sin vida. Me encontraba insensible. No lloré. No fui al funeral. Nunca volví a hablar con el Sr. DiVilo. Me evadí.

Tumbado en la cama, pensando en Tony, y luego en otros, decidí escribir mis confesiones. Y a continuación caí en un profundo sueño.

Comencé mi carrera como médico en una época distinta a esta, no hace mucho si lo medimos en años, pero parece un pasado nostálgico y aparentemente remoto si lo miramos desde nuestra situación actual. Era, al menos en este ámbito, un periodo más inocente, cuando los pacientes acudían al doctor esperando una clase de atención que se ha vuelto progresivamente más difícil de encontrar, incluso si uno dispone de grandes recursos económicos. Me refiero a un tiempo en el que la relación del doctor con su paciente era sacrosanta.

No hace mucho, las decisiones médicas se hacían casi siempre en base a la confianza; se minimizaban los factores económicos y administrativos; el temor de incurrir en una mala práctica era casi imperceptible. Los pacientes respetaban a sus médicos, la opinión pública tenía en la mayor estima a la profesión médica, y raramente un médico trabajaba por cuenta ajena. Pensar que un doctor trabajase una jornada semanal de 40 horas equivalía a relegarlo a una profesión corriente, gobernada por estándares ordinarios. Un fontanero puede llegar un día tarde o no llegar siquiera; el médico estaba sujeto a otras normas, y por buenas razones. Un retrete atascado era un problema, pero una enfermedad o amenaza vital era considerada como una calamidad.

Ese médico de familia es ahora cosa de leyenda, y no solo porque el doctor se haya convertido en parte de un negocio corporativo, que funciona por su propia naturaleza como algo mecánico, sino también por un cambio en la relación asistencial. Este ensayo explora ese vínculo interpersonal, la unidad fundamental de la medicina. Examinar las bases de la ética que gobierna la prestación de cuidados supone comprender los cimientos mismos de lo que es estar enfermo, así como el papel del médico o el enfermero a la hora de ayudar a recuperar la salud. Me ocupo nada menos que del compromiso ético de volvernos sanos cuando enfermamos.

Tal vez la mejor foto de la medicina actual sea el anuncio de prensa o televisión en el que se ve a una enfermera o doctora contemplando compasivamente a un niño o un paciente mayor. ¿Por qué? En primer lugar, porque muestra la relación asistencial como algo primario. Así como los anuncios de cerveza muestran botellas de cerveza, y los anuncios de coche enseñan coches, los anuncios de servicios sanitarios muestran la relación esencial a esta profesión. La medicina consiste en cuidar. Pero hay una segunda razón, tal vez más sutil, por la que los medios intentan capturar una escena de compasión ostensiblemente normal. Sospecho que ellos saben que la visita clínica de cinco minutos, esa actitud de ser una pieza más del engranaje que es tan típica en la sanidad de hoy, es causa de una gran ansiedad. El anuncio niega esa deshumanización, vendiendo el producto sanitario como otros pueden vender unas vacaciones en las Bermudas o unas zapatillas llamadas «Air Jordan». Nos las compramos, por supuesto. Necesitamos atención sanitaria a un precio razonable y queremos que nos den tranquilidad. ¿La tenemos? La feliz escena que nos venden en televisión es obviamente parte de una compleja estrategia de marketing imbricada con la economía productiva. Y todos lo sabemos.

La industria sanitaria es la mayor industria de Norteamérica, responsable de uno de cada siete dólares del producto nacional bruto (PNB). Si en 1960 le correspondía aproximadamente el 5% del PNB, en 1995 esa proporción había subido hasta casi el 14%. Debido a la extraordinaria inflación en la industria sanitaria durante los últimos años de la década de 1970 y a lo largo de la de los 80, en los que la asistencia a los empleados se encareció hasta un 20% por año, el sistema de atención médica a cargo de organizaciones *[managed care]* se convirtió de hecho en la política sanitaria de los EEUU. Esta revolución en la prestación de cuidados queda de manifiesto por la siguiente estadística: en 1987, al 95% de los norteamericanos que recibían asistencia sanitaria a través de sus empleos les fue reembolsada la práctica totalidad de los gastos generados por su tratamiento en hospitales y con médicos de su elección. Hoy la mitad de ellos han perdido esa libertad y ahora reciben asistencia mediante organizaciones sanitarias elegidas por sus empresas. Las decisiones sobre el recorte de costes y la racionalización de recursos eran completamente ajenas al cuidador de hace 25 años, y como médico he comprobado que mi profesión ha añadido progresivamente una nueva dimensión a su perfil: nos hemos convertido en abogados de los pacientes intentando resistir las a menudo insidiosas y draconianas medidas con las que gestores anónimos tratan de hacer una sanidad más eficiente y lucrativa. No son necesariamente malas personas; simplemente las gobierna un *ethos* diferente.

La medicina siempre ha sido un negocio. Solía ser una actividad de clase media; hoy es *big business*, negocio a lo grande, y los métodos desarrollados para vender cereales para el desayuno han sido adaptados para atender a los enfermos y vender atención sanitaria. Más aún, los dividendos que antes se quedaban en los Hospitales y las Facultades de Medicina, ahora se reparten entre los accionistas. Cuando se comparan los planes de asistencia sanitaria sin afán de lucro *[nonprofit]* con los comerciales aparece una estadística reveladora: un estudio reciente de la revista *Consumer Reports* descubrió que mientras los *nonprofits* gastaban más del 90% de sus beneficios en los pacientes, las entidades comerciales gastaron el 79% en atención sanitaria, y el resto en publicidad, inversiones y reparto de dividendos. Por ejemplo, en 1996 United Health Care pagó unos rendimientos del 16%. ¡Eso son 356 millones de dólares! El negocio de cuidar enfermos parece ser altamente lucrativo, a pesar de la reducción en la inflación del costo de la sanidad.

En la búsqueda por maximizar la utilidad y la eficiencia del presupuesto sanitario, las entidades con afán de lucro obtienen grandes beneficios. En última instancia, ese problema necesitará una solución política. Este es sin duda un asunto crucial, pero no es ese mi territorio. Soy médico, no un gestor sanitario ni un político. Lo que me interesa es servir al paciente. La medicina es una vocación basada en una relación social peculiar. Puede verse una exigencia similar en los profesores y en los religiosos; la medicina no es la única disciplina que requiere un *ethos* del cuidado. Pero sí me parece única la presión que recae sobre doctores y enfermeros debido a los desafíos a los que está expuesto ese *ethos*. Dedico este ensayo a interpelar las maneras en que la industrialización de la medicina se apoya en cómo pensamos sobre nuestros semejantes. El orden del día económico y político ha cambiado, pero los estándares que gobiernan la práctica médica parecen estar cambiando también. Creo que podemos tener unas expectativas con respecto a la atención médica adulteradas en cierta medida, no solo porque estamos tratando de enfrentarnos con realismo a los nuevos desafíos planteados por el coste de la sanidad para la sociedad en su conjunto, sino también porque las relaciones básicas que rigen la manera como interactuamos los unos con los otros son menos civilizadas y menos cohesionadas de lo que pudiéramos esperar.

Cada uno de nosotros ha estado enfermo alguna vez y volverá a estarlo en algún momento futuro. En esos momentos de vulnerabilidad buscamos y esperamos un cuidado compasivo. Pero nuestra confianza en la disponibilidad de tal cuidado se está deteriorando. Vemos los signos por todas partes y nos rebelamos ante los intentos más flagrantes de racionar la asistencia sanitaria: las propuestas de privatizar las mastectomías o de dar el alta a las puérperas al día siguiente del parto acaban en los titulares de la prensa. Estas noticias reflejan la irritación que sentimos al perder el control sobre nuestra asistencia sanitaria en beneficio de las aseguradoras y los grandes centros sanitarios, cuyos intereses básicos son los de cualquier otra corporación: beneficios, no pacientes. A pesar de los mensajes de tranquilidad hacia la opinión pública, yo sé, mis colegas saben y la gente sabe que nuestro sentido de la probidad en este ámbito se ha deteriorado.

—*Willie Jones necesita Panzola.*
—*¿Y?*
—*Que no tiene seguro.*
—*Tiene el Medicare.*
—*Ya. Pero no pagan ese fármaco.*
—*Puede solicitar un reembolso especial.*
—*Primero, probablemente no se lo concederán, y segundo, ni siquiera tiene dinero para adelantarlo.*
—*Podríamos intentar que la empresa nos lo envíe como uso compasivo.*

—*He tenido mala suerte con eso. La última vez que lo intenté tardaron tanto y enviaron tan poco que no sirvió de nada.*

—*¿Y la caja de pacientes?*

—*Ya he hablado con Gail. Dice que no queda dinero y que no recibirá más en 60 días.*

—*¿No hay más viales en farmacia?*

—*Llamé a Herb y no tiene o no quiere.*

—*¿Qué vas a hacer entonces?*

—*Nada. O ingresarlo.*

—*En planta no van a arreglar esto. Le darán una semana o dos y luego el alta. Se le espesará la sangre y volvemos a empezar.*

—*Ganaré tiempo. Tal vez surja algo.*

—*Mmm...*

—*La alternativa es no hacer nada.*

—*Eso haría yo. Ya se ha dado con este muro antes.*

—*Ya, pero esta será la última vez.*

Este ensayo no está escrito desde la ira, ni siquiera como protesta, pero las fuentes de las que surge residen en mi intento de responder a los desafíos a los que nos enfrentamos para conservar la tarea más fundamental de la medicina: nuestro compromiso con el cuidado del paciente. Mi misión es analizar la estructura ética de la medicina. Lo hago tanto en calidad de médico como en calidad de filósofo, y mi voz en el segundo rol está informada por mi voz en el primero. He vivido con las crecientes molestias que han sido impuestas sobre mí y sobre mis pacientes. Como filósofo he intentado examinar por qué tenemos tan pocas cosas claras sobre las vías para rectificar nuestra insatisfacción; como médico he buscado soluciones profesionales a las frustraciones de luchar contra un sistema sanitario que se ha vuelto progresivamente más hostil a mis estándares de cuidado hacia los pacientes. Así que, como filósofo y médico, aquí voy a explorar los problemas éticos de base que, a mi juicio, originan esta situación.

Para corregir lo que se ha torcido necesitamos una reevaluación crítica —y una reorientación radical— del *ethos* de la medicina. Presentaré aquí mi testimonio con el fin de recuperar o al menos fortalecer una imagen de la asistencia médica que se desvanece. Este ensayo de filosofía divulgativa está entretejido con la narración episódica de mi evolución como médico; estos episodios sirven tanto para explicar la evolución de mi carrera médica como para ilustrar algunos puntos presentados en el razonamiento más filosófico, que por otra parte no necesita de conocimientos técnicos para ser entendido.

Esas historias forman en realidad parte de la discusión filosófica, y no deberían considerarse como algo separado o complementario a las deliberaciones más formales. La narrativa misma plantea problemas éticos y también soluciones. Novelas, poemas, obras de teatro, narrativas personales: todas estas formas ofrecen vívidas lecciones morales, no mediante la elaboración de una ética sistemática, sino conectando con la experiencia colectiva y las fuentes del «imaginario social». Es aquí donde encontramos la elección moral —la solución y también la dilación— en el amplio abanico del comportamiento humano. Como dice el filósofo contemporáneo Alasdair MacIntyre, «uno solo puede responder a la pregunta "¿qué he de hacer?" si puede responder a una previa: "¿de qué historia o historias soy parte?"» Así la narración no solo se convierte en una fuente legítima de comentario filosófico, sino que también nos ofrece la posibilidad misma de desarrollar una investigación ética.

El uso de historias personales para enmarcar cuestiones filosóficas sobre el conocimiento moral es una tradición occidental que se remonta como mínimo hasta Agustín de Hipona (354-430), cuyas *Confesiones* siguen atrayendo al lector moderno por el poder y atractivo de su narración introspectiva. Estilísticamente, esas *Confesiones* están construidas como un tríptico: la ilustración autobiográfica de sus principios filosóficos forma el primer panel (libros 1-9); el segundo (libro 10) está formado por su contemplación de la vida moral de la memoria, epistemológica e integradora; la aplicación de esas enseñanzas anteriores a su quehacer inmediato —el conocimiento de Dios mediante la Creación— el tercero (libros 11-13). Su recolección es tan directa y conmovedora que a menudo el interés del lector moderno termina con el libro 9. Confundimos su ingenioso ensayo con una «simple» autobiografía, y perdemos así el planteamiento específicamente filosófico de las preguntas que forjaron la historia de su vida y de las respuestas que tuvo a bien dar. El poder de su narración personal informa y enriquece su filosofía más formal, que a su vez es un interesante comentario sobre la naturaleza de su discurso. Pero lo que quiero resaltar es que las *Confesiones* de Agustín son ante todo filosofía, no autobiografía.

En este sentido, mis propios recuerdos también son utilizados como un vehículo narrativo para presentar mi posición filosófica; para minimizar en parte las posibilidades de ser malinterpretado, he seguido una estrategia diferente en mis propias *Confesiones*. Si el tríptico es la representación análoga a las de Agustín, tal vez la mejor representación de las mías sería un cuadro de Jackson Pollock. Hay un entrecruzamiento de varios temas: historias personales y selecciones de mi propia experiencia profesional, una breve historia de la práctica médica moderna en Norteamérica, un rápido repaso a la filosofía moral occidental. Cada uno contribuye, espero, a enunciar la ética que defiendo aquí. Como el discurso moral emerge en mi narración, los episodios que relato son parte íntegra del tejido filosófico de este ensayo.

No se atemoricen por lo de «filosofía». No es remota ni arcana, sino divulgativa. Claro que la filosofía se ha convertido en una sofisticada disciplina accesible solo a los iniciados, pero no es menos cierto que merece un lugar en el discurso público. La divulgación filosófica no es simple, pero debería estar disponible para ayudar a descifrar problemas desde su propia perspectiva y ofrecer soluciones que puedan ser aplicadas a nuestro mundo. La filosofía norteamericana tiene una larga tradición de contribuciones al debate público y este ensayo se sitúa en esa tradición. En particular, el desarrollo histórico de la medicina nos ha legado un problema de identidad, a saber: qué ideal profesional deseamos concretar y promover en nuestros servicios de salud. La solución que busco se basa en un análisis de los temas filosóficos como medio para responder a este desafío. Aquí tenemos una oportunidad para que la filosofía exhiba de verdad la potencia de su enfoque. Obviamente, la ética médica se puede examinar desde diversas perspectivas, que surgen de varios marcos culturales, históricos, legales y políticos. Pero la filosofía aísla las cuestiones conceptuales pertinentes a la agencia moral desde dentro, desde el ámbito mismo de la ética, independientemente de otros elementos que aportan ruido y confusión. Aunque estén relacionados con las cuestiones éticas, los otros contextos desde los que se puede hablar de ética médica tienen sus propias prioridades, que no carecen de importancia pero es mejor discutir por separado.

Este libro no se dirige solo a los que trabajan en una profesión asistencial, sino también al público general, para alertar tanto a los pacientes como a sus defensores acerca de cómo podríamos renovar nuestros esfuerzos por volver la medicina más humana y compasiva. Si comprendemos mejor el marco conceptual que guía nuestro sentido general de la elección moral en la lucha contra la enfermedad, entonces tal vez fortalezcamos nuestros intentos de establecer una ética del cuidado que sea a la vez científica y pasional, y un cuidado que sea verdaderamente integral a nuestras necesidades humanas. Este es un objetivo perseguido por muchos, pero en mis discusiones con médicos creo detectar una resignación casi universal ante el poder de las fuerzas económicas y administrativas para confinar a los clínicos en un espacio de límites rígidos y estrechos. Sin duda, se han hecho oír llamamientos a la resistencia, pero nuestra determinación colectiva parece vacilar. Debemos reconocer que *sí* nos enfrentamos a ciertas elecciones y que esas opciones deben ser clarificadas entre la confusión del cambio. Defender la vocación primordial de la profesión médica se ha convertido en un desafío moral. Propongo estas confesiones como una respuesta a esa oportunidad.

1

Convulsiones y desafíos

¿Utopía?

El residente era listo. Su chaqueta blanca y sus pantalones, limpios y pulcramente planchados. La raya del pelo cuidadosamente marcada, sin un mechón fuera de lugar. Llevaba una corbata cuidadosamente anudada que colgaba justo a la altura correcta, junto a la hebilla del cinturón. Estaba recitándole el historial del caso al doctor Windsor y su procesión de estudiantes, residentes, colegas y enfermeros. Éramos diez apelotonados en el pasillo, escuchando con atención.

> *—La paciente es una mujer blanca de 67 años cuya queja principal es dolor en la parte alta del abdomen. Fue ingresada anoche con una historia de doce horas de dolor constante y vómitos ocasionales...*

Recitó una detallada historia, resumiendo los aspectos médicamente relevantes y otros datos, así como los resultados de laboratorio, una lista interminable de números. Él mismo había examinado el frotis de sangre y realizado el análisis de orina. No necesitó mirar sus notas ni la gráfica durante todo el monólogo. Conocía *a su paciente, y todos sabíamos que sabía.*

Era la primera vez que yo presenciaba una exhibición así. Estaba impresionado. Más aún, anonadado. ¿Podría aprender yo todo eso? ¿Cómo podía recordar cada detalle? ¿Se lo estaba inventando? Imposible. El doctor Windsor estaba mirando la gráfica; el residente más veterano asentía con la cabeza. Cuando llegó el momento de discutir el caso, el residente pasó de cronista a comentarista. Con aparente soltura, realizó el diagnóstico diferencial, un compendio de las posibles explicaciones, y luego pasó al plan de evaluación y finalmente a la terapia. Cuando terminó, el doctor Windsor levantó la mirada y dijo:

—¿Por qué no realizó una eco abdominal? Podría haber pasado por alto un aneurisma disecante en la aorta. Realmente intolerable.

El residente enmudeció y bajó la mirada. Completamente humillado, entró en la habitación del paciente detrás del doctor Windsor, donde el profesor comenzó su propio análisis:

—Sra. Ford, algo he oído hablar de usted, pero necesito hacerle algunas preguntas más.

Hace 25 años la medicina se estaba acercando a la cúspide de lo que ahora llamamos la «crisis de la sanidad» Cuando era estudiante de medicina, a mi alrededor solo se veía el mayor de los optimismos. Vista en retrospectiva, era la Edad de Oro de la medicina norteamericana. La convulsión de los años 60 parecía centrarse en la raza, el sexo y la guerra. La medicina estaba de alguna manera por encima de esas cuestiones. Vivíamos en el hospital. Cuidábamos a los enfermos. Dábamos respuesta a unas necesidades. La sociedad se agitaba entre el examen de conciencia y la crítica radical, pero nosotros estábamos comprometidos con la ciencia, el puro *ethos* del cuidado y el progreso de nuestra profesión. Vestíamos de blanco y estábamos por encima de todo eso. De algún modo, como Ernest Hemingway conduciendo su ambulancia en Italia durante la Primera Guerra Mundial, me sentía inocentemente inmune a esa tarea de revisión de premisas y prioridades en que la sociedad se hallaba inmersa. Simplemente me centré en convertirme en médico, feliz de nadar con la corriente. Y la norma se había definido desde hacía más de medio siglo en términos de un *ethos* científico.

Los profesores más respetados eran los investigadores clínicos. Formada casi exclusivamente por varones, esta elite había dedicado sus carreras al laboratorio, buscando nuevas pruebas diagnósticas y nuevas modalidades terapéuticas. Esos eran los médicos que recibían las cátedras y los elogios de la profesión. Reflejaban los más elevados ideales de la medicina y yo les admiraba. Pero, sin que ninguno de nosotros lo sospechase, su posición se encontraba balanceándose al borde de un vasto abismo de dudas. Los valores que habían dado sentido a su tarea estaban ahora en cuestión. Entre ellos, la idea de que el progreso de la medicina —y la ciencia en la que esta se basa— no conocía límites. Este entusiasmo tenía muchas manifestaciones, pero la más evidente era el consenso general en que los costes no debían ser un factor relevante a la hora de cuidar a los enfermos. Sea cual fuere el análisis necesario, sea cual fuere el procedimiento quirúrgico, si se probaba que tenían una posibilidad de ofrecer una mejora de salud o un alargamiento de la vida, entonces había que usarlos sin consideraciones económicas. Los seguros o el gobierno se encargarían de eso; fijarnos en el coste estaba simplemente fuera de nuestros intereses. Cuando la crisis económica comenzó finalmente a racionar la sanidad, nos pillaron por sorpresa. Al fin y al cabo, la medicina era la vaca sagrada de la sociedad norteamericana.

Pero esa transformación de la medicina tenía raíces más profundas que las meramente financieras; cuando se declaró la guerra la ofensiva llegó de varios frentes. Como la medicina está tan entremezclada en nuestro tejido cultural, los primeros ataques se camuflaron, y apenas nos dimos cuenta de que se preparaba un sitio. Ahora, en retrospectiva, podemos ver que los triunfos del complejo médico-industrial a mitad del siglo XX estaban siendo sujetos a la misma mirada crítica que los norteamericanos dirigían a las principales instituciones culturales. La educación, la sexualidad, la raza y la política exterior eran las más visibles, pero la medicina también estaba bajo escrutinio. La historia cultural de ese período, aproximadamente entre el asesinato de John Kennedy y la impugnación *de facto* de Richard Nixon, podría contemplarse retrospectivamente como un despiadado y detallado proceso de disección y análisis de todas nuestras presunciones sobre lo que con tanta desidia considerábamos como los valores norteamericanos básicos. Y el debate introdujo razonamientos que hasta entonces no se consideraban sólidos. En pocas palabras, este examen radical reconocía unos criterios que hasta entonces no se habían considerado relevantes. La medicina no iba a escapar a una revisión similar, y las preguntas estaban a punto de revelar el frágil equilibrio entre las prioridades clínicas del cuidado de los pacientes y las del conocimiento científico.

Lo irónico del asunto es que la medicina parecía a salvo de toda crítica. Si la tasa de mortalidad infantil era demasiado alta en zonas pobres, esto se veía como un reflejo de la política económica del gobierno. Medicare y Medicaid se crearon para intentar rectificar esos desequilibrios, y los médicos eran simplemente los agentes y beneficiarios del gobierno. En 1964 se aprobó la ley Hill-Burton para ayudar a que las comunidades construyesen hospitales, y de nuevo esto se vio como el producto de una nueva conciencia social que decía que había que buscar la igualdad en la administración sanitaria. Después de todo, ¿no se consideraba universalmente a la medicina como una noble causa, y además con gran éxito, y que por tanto merecía inversiones sociales y políticas? La práctica clínica había seguido un orden del día científico y la percepción era que estaba dando resultados. El gobierno federal estaba invirtiendo grandes cantidades en investigación clínica de base y en la formación de especialistas médicos científicos. Las compañías de seguros —en realidad, el Sr. y la Sra. Contribuyente— estaban financiando generosamente a hospitales y médicos para implantar nuevas terapias y diagnósticos, al margen de los costes. Los médicos disfrutaban del mayor prestigio entre las profesiones, y de los mejores sueldos. Ese estatus social y económico iba a recibir un fuerte recorte. No puedo contar aquí por qué y cómo sufrieron los médicos ese correctivo, pero baste indicar que se enquistó una insatisfacción expresada de diversas maneras, pero ninguna más acuciante que la referida a los costes crecientes de la sanidad. Los norteamericanos hicieron cuentas y sacaron la conclusión de que no estaban recibiendo lo suficiente a cambio de su dinero. En general, esta insatisfacción tenía dos componentes básicos: resentimiento hacia los médicos e impaciencia ante unas expectativas no realizadas.

A pesar de indignados desmentidos, los incentivos financieros de la medicina se veían cada vez más como casos de corrupción. Se desvelaron conflictos de interés y se documentaron procedimientos y análisis innecesarios. Las denuncias por negligencia aumentaron, así como las cantidades obtenidas por los denunciantes en calidad de compensación, y esto en parte como respuesta a las avariciosas prácticas de los médicos, pero también porque la profesión estaba siendo sometida a un juicio más severo. Durante la reevaluación de nuestras principales instituciones sociales que siguió a los tumultos de los últimos años 60, a los médicos se les comenzó a mirar mal. Habían perdido en cierto sentido su estatus de semidioses. Entre las generaciones anteriores, ese estatus se había basado en el sacrificio personal, en los logros de una inteligencia fuera de lo común, o en la autoridad del poder científico. Pero todos esos atributos eran ahora objeto de profundas dudas. El médico ya no pertenecía a la humilde clase media, sino que se había convertido en un empresario acaudalado; la crisis de las negligencias evidenciaba que el médico era capaz de abusar de la confianza puesta en él. Además, la opinión pública aireaba cada vez más su desencanto con el *ethos* científico de la medicina. El descontento adopta muchas formas; aquí esbozaré brevemente los asuntos económicos relacionados con el uso de la tecnología, el apoyo a la investigación básica y la evaluación de los beneficios de la asistencia clínica estándar.

Una de las frustraciones actuales más evidentes con la medicina tiene que ver con la dependencia creciente de los clínicos hacia una tecnología cuyo prestigio resulta sorprendente si consideramos su amplitud y naturaleza. Como prueba basta examinar el aspecto económico. Como ha documentado David Rothman en su libro *Beginnings Count: The Technological Imperative in American Health Care*, el gasto *per capita* en instrumental y suministros médicos a mediados de los 90 fue casi ocho veces superior al de 1960. Nuevos medicamentos, escáneres diagnósticos y técnicas quirúrgicas suponen buena parte de lo que puede considerarse como progreso, pero también se incrementó el gasto en cosas menos obviamente necesarias, como suministros diarios de usar y tirar, termómetros de lujo, monitores digitales, y cosas así. La proporción de coste y beneficio de las nuevas tecnologías no está clara en la mayoría de los casos, y todavía nos guía la norma general de que la vida es preciosa y todo gasto está justificado si contribuye a preservarla. Así, aunque la proporción entre coste y beneficio es muy elevada, casi un tercio del presupuesto de Medicare se gasta en el último año de vida del paciente. El enorme coste de las recientes tecnologías responsables de este gasto ha traído consigo sospechas crecientes de que tal vez nuestros impuestos podrían ser mejor empleados en el sector sanitario. Incluso cuando se trata de opciones médicas de rutina, puede que los nuevos juguetes no siempre redunden en un mejor servicio. El verdadero escándalo es que, en realidad, no sabemos cuán eficiente o adecuado es el uso de la mayoría de nuestras nuevas tecnologías. Gastos aparentemente correctos de recursos a menudo son promocionados por terceros interesados en utilizarlos por afán de lucro u oportunismo profesional.

Al debatir sobre la industria médica, la opinión pública no suele hacer distingos entre la ciencia y su aplicación, la tecnología. Por ello, la indignación ante los costes crecientes de la sanidad se ha transmitido a un debate sobre la distribución de recursos a los diversos programas de investigación básica con potencial de innovación clínica. Exigir a la ciencia de laboratorio una aplicación más directa a nuevas tecnologías supone un cambio radical respecto a la independencia, la santidad incluso, de la investigación básica.

La promesa de la ciencia, o de la ciencia aplicada a las nuevas tecnologías, ha sido proclamada desde hace más de un siglo como la panacea que nos traerá salud y longevidad. Con el descubrimiento de las enfermedades infecciosas al final del siglo XIX y las estrategias de descubrir «balas mágicas» para erradicar microbios patógenos (el antisifilítico salvarsán en 1907, las sulfamidas en la década de 1930 y la penicilina en la de 1940), la ciencia instauró un programa de medicina racional que ha servido de base para el diagnóstico y la terapéutica modernas. La racionalidad de estas pretensiones se ha mantenido intacta, y los resultados de los antibióticos por un lado, y los programas de erradicación de insectos vectores por el otro, han escrito capítulos espectaculares en la historia de la medicina basada en la ciencia. A pesar del gran entusiasmo de esa época, que duró aproximadamente desde mediados de la década de 1870 a la de 1950, los resultados de la medicina basada en el laboratorio han sido cada vez más examinados, y el veredicto es más severo de lo que se esperaba.

No hay duda de que hemos hecho progresos notables en la lucha contra ciertas enfermedades, pero poco a poco nos vamos dando cuenta de que cambios sencillos en higiene, dieta y estilo de vida (como dejar de fumar o hacer ejercicio regularmente) han tenido un efecto más tangible sobre la salud pública que los avances más publicitados en la conquista de enfermedades particulares. Es difícil establecer claramente la relación entre costes y beneficios de los recursos invertidos en investigación básica. En los últimos años el NIH (National Institutes for Health) ha intentado definir con mayor precisión nuestros objetivos de investigación en relación con los fines clínicos establecidos, pero es difícil obtener datos que permitan discernir cómo los logros científico-tecnológicos se traducen en una mayor calidad sanitaria o en criterios de salud objetiva. Sin esa información, hay una sensación general de que no sabemos bien lo que estamos pagando, con excepción de algunos casos notorios como el SIDA, la leucemia infantil y los transplantes de órganos, por nombrar los ejemplos más prominentes. La opinión pública (a menudo bajo la forma de aseguradoras, gobiernos y organizaciones sanitarias) clama por una mejor justificación de los costes de la sanidad. Por ejemplo, nos es grato comprobar el descenso de infartos y enfermedades cardiovasculares (mayormente debido a cambios de hábitos), ¿pero por qué la guerra al cáncer sigue sin grandes avances tras 25 años y billones de dólares gastados en investigación de laboratorio?

Como científico, soy consciente de la magnitud del problema y entiendo la naturaleza de nuestro lento progreso, pero como cliente de la sanidad me pregunto si hemos utilizado adecuadamente los recursos. ¿Deberíamos quizá haber destinado más dinero a la prevención y la educación, y menos para el laboratorio? No lo sabemos realmente. Y, lo que es más fundamental, no estamos seguros de la verdadera efectividad de la práctica clínica rutinaria. Si pasamos de la estrategia nacional en investigación básica a la inmediatez del cuidado del paciente, nos sentimos igualmente confusos acerca de si sabemos realmente tomar decisiones racionales y eficientes.

La pragmática de la toma de decisiones médica es compleja, en efecto, y resulta ingenuo para un paciente pensar que cualquier decisión clínica se basa simplemente en «los hechos». Los hechos médicos, como cualquier otro hecho, residen en un contexto complejo que requiere orientación e interpretación. No se puede simplemente aplicar un dato clínico en una ecuación científica y esperar que salte una «respuesta» bajo la forma de una terapia o prueba diagnóstica. La lógica médica comprende muchas clases diferentes de análisis y datos. Las pruebas se obtienen de la investigación a diferentes niveles: 1) estudios básicos (de laboratorio), clínicos y epidemiológicos; 2) ensayos clínicos aleatorios; y 3) revisiones sistemáticas que intentan ofrecer al médico resultados sintéticos y críticamente evaluados de las investigaciones primarias. A menudo los médicos dependen de esta clase de análisis para tratar con la miríada de complejos componentes que entran en el proceso de llegar a una decisión «final» sobre cómo tratar un problema clínico en particular. Obviamente, esta clase de análisis, al igual que los resúmenes de los manuales, incorporan tanto juicios fundamentados como sesgos y malentendidos. Aunque esas revisiones y artículos de consenso escritos por paneles de expertos deben informar la práctica clínica en general, su aplicación práctica es un asunto de cada individuo, dependiendo de su experiencia personal y de la interpretación intelectual que haga de estas diversas fuentes destiladas de conocimiento médico. Los casos particulares requieren individualizar al paciente dentro de su propia cohorte y ponderar la inferencia probabilística aplicable a los resultados previsibles.

En otras palabras, seguimos la estadística, pero también nuestras intuiciones. Por ejemplo, conozco un endocrinólogo que receta con frecuencia hormona tiroidea a pacientes que presentan resultados normales en las pruebas de tiroides, porque cree que su juicio clínico es más válido que los datos de laboratorio existentes. Y en ocasiones he recetado un fármaco contra el cáncer en casos asociados a enfermedades en las que no existe una indicación formal, basándome en la creencia de que será efectiva. Esto es típico de la práctica moderna.

Dado el margen existente en el juicio, junto al nivel general de certeza en la medicina que se refleja en las polémicas y en las confesiones de ignorancia, no sorprende que la ciencia médica esté guiada tan a menudo por la intuición. Es habitual hablar del «arte de la medicina», y esa pátina artística del buen médico viene a revelar la discrepancia entre nuestras aspiraciones de una medicina racional y científica (o sea, certera) y nuestra aproximación actual a ella.

En los años 80 surgió un nuevo campo de estudio dedicado a calibrar esa distancia entre nuestro mejor conocimiento médico y lo que se hace en la práctica clínica. Por lo general se entiende que no todas las terapias o decisiones asistenciales implantadas son válidas. El problema tiene muchas dimensiones, incluyendo la ignorancia o el conservadurismo del médico, las restricciones económicas y la escasez de recursos, y la simple (pero inevitable) incertidumbre científica. Recientemente han aparecido especialistas cuya misión propia es determinar la validez de las pruebas médicas, esto es, determinar la medida en que los datos apoyan una terapia o procedimiento diagnóstico en particular, si podría aplicarse esa intervención a pacientes y bajo qué condiciones. Esto parecería que debería haber sido la práctica habitual en una medicina basada científicamente, y de hecho lo era. Pero en 1992, cuando este enfoque fue bautizado como «medicina basada en pruebas» (*evidence based medicine)*, asistimos al nacimiento de una nueva conciencia en la profesión médica en respuesta a la creciente presión sobre su responsabilidad económica. Con revistas especializadas dedicadas a este problema, cursos especiales de postgrado para entrenar a los médicos en sus métodos, y estudios internacionales para determinar la eficacia de las intervenciones sanitarias, surgió una nueva disciplina evaluadora. El gobierno federal, a través de la U. S. Agency for Health Care Policy and Research, ha sancionado su apoyo a esta tarea financiando proyectos de investigación dedicados a obtener datos de eficacia, así como otros programas que diseminan información basada en las pruebas sobre la efectividad clínica en el tratamiento de enfermedades importantes. Este movimiento está obviamente promovido por una preocupación por mejorar la eficiencia de nuestro presupuesto sanitario, pero esta revisión crítica tiene fuentes más profundas.

Creo que este replanteamiento del papel de la ciencia en la medicina refleja una sofisticación creciente tanto del médico como del usuario; un reajuste, ligado a mayores expectativas, de cómo pensamos la salud y la enfermedad y, en última instancia, nuestra propia naturaleza humana. Al fin y al cabo, nuestra identidad biológica y, de manera más personal, nuestro bienestar físico, están muy influidos por cómo de sanos o enfermos nos percibimos a nosotros mismos. Durante al menos cuatro generaciones esa identidad ha sido definida por una medicina basada en la ciencia. Pero ahora parece haber una creciente sensación de que la ciencia por sí sola es una base insuficiente para la atención clínica. No me estoy refiriendo a terapias alternativas (que ciertamente se están volviendo más aceptables en grupos sociales que hasta ahora las despreciaban), ni a sacarle partido a las filosofías orientales sobre la relación entre mente y cuerpo (únicamente producidas hasta ahora por medios intuitivos y de poco valor científico). Estoy hablando más bien de la sensación básica de que la medicina basada en el laboratorio solo se dirige a un componente del estar enfermo: su aspecto material, que puede medirse por medios químicos o físicos. Sin duda, estos enfoques científicos son enormemente poderosos, pero hay otras dimensiones del estar enfermo que requieren atención. Me refiero a los aspectos emocionales y morales de la enfermedad, esa dimensión personal a la que la ciencia tiene poco que contribuir directamente. Utilizamos alegremente la ciencia para desarrollar nuevas tecnologías, pero somos conscientes al mismo tiempo de que si reducimos el cuerpo a ciertos parámetros materiales de medida, el habitante de ese cuerpo puede acabar despersonalizado o incluso perdido por completo. En la gran revisión que llamamos «reforma sanitaria», la discusión parece haber sido dominada por los debates sobre los dólares y centavos que cuesta el acceso al sistema. Estos asuntos económicos pueden ser complejos, pero en cierto sentido son los más sencillos. La cuestión implícita en los muchos debates sobre la economía médica es el tema de la calidad, y con frecuencia los gestores sanitarios han sido desbordados por la aparentemente imposible tarea de resolver mediante una política coherente nuestras preocupaciones por el costo, el acceso y la calidad.

Sin lugar a dudas, podemos encontrar en la crítica económica, sociopolítica y cultural varias explicaciones de cómo y por qué la medicina norteamericana está sufriendo una gran reorientación. No pongo en duda lo crucial de estas críticas para nuestra autocomprensión, pero también creo que el asunto principal estriba en cómo nos vemos a *nosotros* en tanto que enfermos, y qué podemos *nosotros* esperar del médico que nos cuida. Es aquí donde la ciencia aún requiere el «arte» del clínico. Pero el arte de la medicina no se reembolsa ni se contabiliza en los costos sanitarios. Esta variable oculta, el cuidado, es la que corre peligro. El juicio sobre el papel de la ciencia en la atención clínica condiciona cómo han de figurar la ciencia y su tecnología en nuestros cálculos futuros, tanto en dólares como en ese otro cálculo más oscuro que es el de la calidad. Pasaré ahora a considerar el desarrollo histórico de esa dimensión del juicio médico.

Antecedentes

—Hola, Fred, soy John.

Estaba esperando esta llamada. El marido de mi prima solía pedirme ayuda y referencias médicas. La víspera me había contado la larga y penosa historia del cáncer de páncreas recientemente diagnosticado a mi prima. La enfermedad se había extendido al hígado y el pronóstico era grave. John había encontrado un tratamiento experimental en Texas que prometía resultados asombrosos. Habíamos deliberado y acordado que incluso una mejoría parcial merecía la pena. Era necesario que volase a Houston.

—Llamé a Houston y fíjate, ¡se negaron a admitirla!

—¿Por qué?

—No me lo dijeron. Creo que simplemente no querían que un cadáver estropease sus resultados.

No pude responder. Por mi mente cruzó el recuerdo de mi tío Barry en los años 60 yendo al NIH en busca de un tratamiento ex-

perimental para su hija, Judy, que tenía la enfermedad de Hodgkin. Se le negó la quimioterapia, que más adelante se confirmaría como la cura definitiva para esa enfermedad, porque Judy ya había pasado por radioterapia. Un tal doctor G. le dijo tranquilamente a mi tío que su hija no reunía las condiciones establecidas en el protocolo y que no sería admitida. El tío Barry comenzó a gritar y a golpear la mesa del médico y tal fue la escena que finalmente a Judy le dieron la terapia.

El doctor G. se convirtió en uno de los investigadores sobre el cáncer más reconocidos en el país. Hoy Judy tiene tres hijos sanos y vive felizmente en Vermont. Carol no tuvo tanta suerte. Murió seis semanas después.

La medicina en tanto que ciencia clínica nació en los hospitales de París durante la Revolución francesa. En un complejo juego de influencias mutuas entre la reorganización del establecimiento médico (a resultas del vuelco político) y el nacimiento de la biología como una nueva clase de estudio de los procesos vitales, surgió un nuevo proyecto basado en el intento de establecer criterios científicos rigurosos para discernir la enfermedad y su etiología. Comenzando con los intentos de relacionar la patología anatómica con los signos y síntomas clínicos, la medicina se implicó firmemente en el proyecto científico de establecer la enfermedad como un objeto de disección científica. En la década de 1840 el fisiólogo Claude Bernard (1813-1878) adoptó un riguroso objetivismo para encontrar los parámetros de la función fisiológica normal y la patológica. Así, por un lado, el desarrollo de los análisis químicos llevó al campo de la fisiología, y por el otro, la correlación de los signos y síntomas clínicos con los cambios anatómicos llevó a una nueva concepción de la patología. Su unión transformó la medicina, que pasó de ser una disciplina descriptiva a una científica, generando el modelo patofisiológico aún vigente hoy.

En la década de 1840, los fisiólogos alemanes liderados por Hermann Helmholtz (1821-1894) establecieron explícitamente sus objetivos: la fisiología (y por extensión, la medicina) tenía que ser reducida a física y química. Este programa era un intento deliberado de purgar el vitalismo de las ciencias de la vida. En otras palabras, la biología no buscaría vestigios de esa fuerza que se postulaba para explicar el carácter vivo de las plantas y los animales. Estrechamente relacionado con este programa materialista se hallaba la eliminación del diseño divino en la creación, o sea, de la teleología. Antes incluso de que Charles Darwin (1809-1882) publicase *El origen de las especies* en 1859, estos científicos ya estaban comprometidos con la reducción de lo biológico a lo inorgánico, buscando parámetros materiales universales para los procesos biológicos. Empleando cuidadosas técnicas cuantitativas para medir la cantidad de calor generado por la contracción muscular, Helmholtz demostró la conversión y conservación de la energía, aplicando así por primera vez las leyes de la física y la química inorgánica a los procesos orgánicos. Los reduccionistas no sostenían que ciertos fenómenos orgánicos no fuesen únicos, pero sí que todas las causas deberían tener algunos elementos en común. Así, al igualar las bases últimas de sus explicaciones, conectaron la biología con la física.

Este nuevo *ethos* reduccionista gobernó el espectacular crecimiento de la medicina en los siglos XIX y XX; la influencia de estos científicos europeos no puede sobrevalorarse. Los principios por los que abogaban se adoptaron en los EEUU en 1910 con el Informe Flexner, que sirvió como base para acreditar a las Facultades de Medicina comprometidas con un currículum científico y autorizar la práctica médica de sus licenciados. Promovido por el establecimiento médico «ortodoxo» que habitaba las principales Facultades de Medicina, este informe sirvió para aprobar la legislación que acabó con la legitimidad de las teorías médicas alternativas y sus seguidores. Además de tener sólidos conocimientos de ciencia básica, el nuevo médico debía ser instruido en que la medicina clínica no era más que una rama de la patofisiología. La flecha de su interés estaba claramente trazada: *desde* el laboratorio *hacia* la asistencia primaria. En otras palabras, aunque los problemas clínicos aún establecían el marco de la investigación médica, el médico se formaba como un científico de base que luego aplicaría sus habilidades científicas al ámbito clínico. El modelo a seguir era el investigador sofisticado; el clínico inmerso en la intuición y la anécdota, aunque se le valoraba allí donde la ciencia todavía tenía que avanzar, se convirtió en una reliquia de tiempos pasados.

Ese desafío planteado por la medicina de laboratorio a la asistencia primaria fue percibido claramente como una amenaza en las primeras décadas del siglo XX por destacados médicos como William Osler (1849-1919) y Francis Peabody (1881-1927). Osler fue seguramente el más distinguido médico de su tiempo. Autor de un manual clásico de medicina y promotor clínico de la recién establecida Johns Hopkins School of Medicine (la Facultad de Medicina que se convertiría en el modelo académico a seguir), era un hombre que despertaba respeto entre la profesión médica. Peabody, también un médico distinguido, era el jefe médico de la sucursal en Harvard del Boston City Hospital. Ambos vieron la llegada de este nuevo modelo científico como algo que sacrificaba el elemento humanista de manera despiadada e innecesaria. Los dos abogaron en defensa del paciente como alguien que sufre y es custodiado por el médico.

Osler rechazó el informe Flexner, advirtiendo que la contratación de docentes en medicina sobre la base de su producción investigadora iba en contra de su interés en los estudiantes y pacientes. No solo le preocupaba la fuga de estudiantes hacia el laboratorio, sino que temía que los científicos fuesen malos modelos de médico y de docente clínico. No se oponía a que la ciencia se aplicase en medicina, pero se resistía a que el *ethos* científico se impusiera entre médico y paciente. Peabody, que era de la misma opinión, advirtió que «el laboratorio no puede ni debe convertirse en el factor predominante en la práctica de la medicina». Por supuesto que la cuestión entraba de lleno en la identidad del médico. Muchos, abrazando el positivismo de esa época, se opusieron con rigor a la orientación de Osler y Peabody, y el debate continuó en el seno de la profesión durante el siglo XX.

Al final, Osler y Peabody perdieron. La respuesta de la comunidad médica estadounidense fue establecer un nuevo híbrido científico-clínico, cruzando el modelo de investigación hospitalaria con el del laboratorio alemán. En 1908, la American Society of Clinical Investigation abogó por este ideal, y el recién creado Rockefeller Institute sirvió como modelo para entrenar al nuevo médico-científico. El manantial de promesas abierto por los avances en biomedicina durante el período que va aproximadamente desde 1875 a 1910 inspiraron la base científica de la formación y práctica médicas. La Fundación

Rockefeller impulsó este estilo de formación médica y, tras la 2.ª Guerra Mundial, el gobierno federal proporcionó mediante el NIH un enorme apoyo financiero a ese programa científico y a su correspondiente enfoque de la enfermedad.

A pesar del crecimiento y el éxito sin precedentes de la medicina basada científicamente, no faltaban motivos de preocupación. Surgieron de la misma raíz de la medicina científica porque los planes respectivos de la medicina y la fisiología no eran tan compatibles como parecía inicialmente. La ciencia pretende una relación desapegada entre el sujeto (el científico) y su objeto (el paciente). Aunque este ideal positivista es problemático tanto filosófica como psicológicamente, se mantiene pese a todo como uno de los pilares fundamentales de la metodología científica. Dentro de ciertos límites, el desapego debe seguir siendo parte de la ciencia, ya que así se evita la contaminación de lo subjetivo. Después de todo, la esencia del método científico está en observar la naturaleza desapasionadamente, de manera objetiva, con una mente ajena a sesgos personales o prejuicios de cualquier clase. La mayoría estaría de acuerdo en que el ascenso de la ciencia se ha medido por el éxito de esta separación entre sujeto y objeto. El resultado es triple: una abstracción matemática del mundo material, una descripción de la naturaleza más matizada y compleja que las descripciones basadas en la interpretación personal, y una tecnología basada en las dos. Esta distancia interpuesta entre el científico observador y el objeto de escrutinio es la necesidad básica de la ciencia moderna. Obviamente, la medicina se ha beneficiado de ese desapego, pero a cambio de pagar un enorme coste humano.

Al asumir la medicina que su nueva legitimidad estaba en la ciencia de laboratorio surgió una profunda contradicción, y el clínico perdió la noción de sus límites. Al carecer ya de una teoría propia, la medicina buscó sus raíces explicativas en otras disciplinas científicas. Una medicina construida sobre sus propias premisas, el cuidado de los enfermos, quedó subsumida en una medicina basada en la ciencia. Los críticos han insistido en que la progresiva introducción en la medicina del método y los conocimientos científicos no ha mejorado inevitablemente el cuidado de los pacientes. Y algunos, como Alvan Feinstein en *Clinical Judgment* (1967), han sostenido que depender demasiado de la medicina científica del laboratorio puede de hecho perturbar el juicio clínico en detrimento del paciente. (Este asunto tiene que ver con los juicios necesarios para discernir la coherencia y fiabilidad de las pruebas de laboratorio en el contexto de la enfermedad de un paciente particular; debido a los resultados de falso negativo o positivo —una parte no despreciable de los datos clínicos— hace falta experiencia y buen ojo clínico para situar en perspectiva una información confusa y a veces contradictoria). Todavía hay que tomarse en serio la defensa hecha por Feinstein de una ciencia clínica que se dirija a los requisitos específicos de la medicina. De momento, la anatomía, la fisiología, la microbiología, la bioquímica y la genética continúan definiendo en exclusiva las bases de la teoría médica, proporcionando criterios positivistas y regulando las definiciones de enfermedad; y todo esto mediante ciencias que de hecho no poseen normas.

Lo normativo es una categoría humana; en medicina establecemos las categorías de lo normal y lo patológico. Naturalmente, hay límites biológicos para las funciones fisiológicas, pero hay también límites importantes entre salud y enfermedad que se determinan culturalmente. Cuando Freud diagnosticó la histeria, presenció una serie de signos y síntomas muy distintos a los que vemos hoy. En Japón el olor corporal es un signo de enfermedad; en Los Ángeles, si hueles mal es que te olvidaste del desodorante. En Nueva York, si tienes ardor de estómago tomas un antiácido, mientras que tu colega de París insiste en un problema hepático y se tomará un vaso de vino o tal vez un supositorio. Estas evaluaciones y respuestas son normativas y reflejan la persistente importancia del hecho de que proyectamos nuestros propios sentimientos en nuestra experiencia de la enfermedad.

El asunto aquí no es que cada norma cultural se haya «construido» (y que merezca ser deconstruida), sino que la norma tiene una cierta amplitud y que la salud —o aquello a lo que se refiera la norma— *no puede* definirse solamente mediante medidas fisicoquímicas de las funciones corporales. La química y la física buscan establecer una explicación ordenada del universo material. Pero ser normal es una aplicación subjetiva de lo que consideramos que es lo justo, de cómo deberíamos *sentir*. Si podemos establecer una explicación físico-química para una disfunción, tanto mejor para la terapia materialista, pero todavía queda mucho malestar, molestias e inquietud que no pueden ser explicadas así y quedan fuera de los resultados de los análisis hospitalarios. Me refiero a varias clases de quejas que la medicina científica actual no puede satisfacer: patologías como el dolor de espalda, en las que a menudo no se encuentra la causa ni un tratamiento claro; enfermedades crónicas sin cura convencional; dolencias en las que las terapias alternativas intentan aliviar un malestar social o psicológico.

Cuando millones de norteamericanos se alejan de la medicina basada científicamente, expresan de manera práctica su desencanto ante expectativas no cumplidas: las promesas de la medicina científica ya no son sacrosantas y se convierten en objeto de mayor escrutinio. En esta reevaluación de la ciencia clínica, la opinión pública expresa una apreciación general de que la medicina contemporánea no ha alcanzado aún un potencial pleno, y responde a ese fracaso de la medicina buscando terapias «alternativas». Dado que la ciencia clínica es bastante más inexacta de lo que nos atrevemos a admitir, y que en cualquier caso hay muchos límites para su aplicación, ¿por qué no acudir al quiropráctico, a la acupuntora, al homeópata, o a la herbolistera? Estos son algunos de los pretendientes al trono de la medicina ortodoxa, y no les va mal, gracias. Las estimaciones indican que gastamos en medicina no convencional tanto o más tiempo y dinero que en los enfoques científicamente validados. No estoy defendiendo que la medicina científica se entregue a estas prácticas sin validar, pero observo que, al apoyarse únicamente en un criterio científico de atención sanitaria, la medicina occidental ha perdido la confianza de una enorme subpoblación de enfermos. No es sorprendente que estemos asistiendo a una revalorización de la medicina alternativa, pues nuevas líneas de investigación buscan validar científicamente esas terapias, y de hecho algunas organizaciones sanitarias las incluyen ya en sus carteras de servicios. Ya sea por cinismo o por convicción, los proveedores de atención sanitaria se han vuelto conscientes de que la medicina contemporánea debe incluir una pluralidad de enfoques.

La «medicina alternativa» parece seguir al alza incluso ante los innegables avances de la ciencia médica. Hay una cierta paradoja aquí, algo que debe tener raíces culturales profundas. Algunos dirían que estamos asistiendo a un sentimiento anticientífico, una forma de antintelectualismo. Creo que algo de eso puede haber, pero estoy más interesado en otra explicación, a saber: en las terapias alternativas hay alguna manera, real o imaginaria, en la que al paciente se le trata mejor como persona. Aunque sea obvio es necesario decirlo: la medicina científica, y en particular aquellos que la practican, no usa ni puede usar la ciencia para abordar la dimensión personal del sufrimiento. Podemos recetar terapias para mitigar el dolor, pero esa es la parte fácil. A lo que me refiero es a la angustia mental y a la ansiedad de estar enfermo. Esta clase de dolor apela a la empatía, a una preocupación que solo puede atender una ética del cuidado. Pide un apoyo emocional que reconozca las necesidades psicológicas particulares de cada uno, pero que también tenga en cuenta los temas más amplios, contextuales y culturales, que hay que entender para tratar efectivamente la enfermedad. A la persona enferma solo se la puede entender de manera parcial mediante un análisis de los problemas que presenta su estructura o su bioquímica. De nuevo Peabody aporta elocuentes palabras de cautela: admitiendo la importancia de un enfoque científico, no deja de notar que «es fácil pasar por alto el hecho de que la aplicación del principio científico al diagnóstico y al tratamiento de la enfermedad es solo un aspecto limitado de la práctica médica». Y a continuación lanza el guante: «Una de las cualidades esenciales del clínico es su interés por la humanidad, pues el secreto del cuidado de los pacientes se halla en el cuidado de los pacientes». El mandato supremo de la medicina está en este comentario suyo.

Tales advertencias, no obstante, fueron desoídas y una nueva medicina surgió de las leyes de la física y la química; poderosa e inexorable, somos sus beneficiarios. A mediados del siglo XX, Osler y Peabody ya eran considerados como voces de otra época, y las voces de los defensores de los pacientes, más débiles, fueron enmudecidas por el entusiasmo de los científicos y ciudadanos que apoyaban las promesas de la ciencia biomédica. Pero creo que debemos regresar a las preocupaciones de Osler y Peabody: al fin y al cabo, sus miedos se han convertido en realidad. Y, efectivamente, en los últimos 20 años el nuevo *ethos* se ha manifestado con claridad.

Cuando digo que la confianza en la ciencia ha menguado no solo me refiero a una cierta impaciencia con respecto a nuestros progresos contra el cáncer y otras enfermedades, sino más bien a la constatación de que el mero conocimiento científico, que convierte al paciente en un cuerpo enfermo, representa un abordaje inadecuado de la persona enferma. Los norteamericanos son ambivalentes en sus expectativas respecto de la medicina. Por un lado, exigen que la medicina sea científica, pero al mismo tiempo quieren que les cuide un médico humano, no un mero tecnócrata. Cuando el norteamericano medio busca atención médica, espera beneficiarse de todo el poder y efectividad empírica de la medicina científica. Por otro lado, el mismo paciente reconoce lo alarmante que es estar sujeto a ese poder, con la consiguiente pérdida de control, fragmentación del yo, y pérdida de autonomía. Valores centrales en nuestro concepto de persona se sacrifican como contrapartidas psicológicas para poder curarse. Gran parte del éxito de un médico depende de la medida en que proporcione seguridad y protección frente a esa deshumanización. Nadie quiere disminuir los enormes logros científicos de la medicina, pero prevalece el miedo suscitado por el poder de la ciencia y su alienación respecto a los valores humanos. Los médicos deben ser algo más que gestores de la ciencia; también deben ser ministros del paciente. Estos roles, esencialmente complementarios, tienen una larga historia y penetran nuestra caracterización del médico eficaz.

El problema de la *nueva* lista de prioridades

Como hemos visto, ha tenido lugar una reevaluación radical de la medicina en la que los médicos ya no disfrutan de la autonomía que antes les otorgaba su estatus privilegiado como sacerdotes de un culto científico con autoridad sin límites. Su control sobre la medicina les ha sido arrebatado progresivamente mediante la crítica y la revisión por parte de sus pacientes y jefes. Esta revolución en la administración de la salud aún no ha terminado y continuamos luchando con sus manifestaciones más obvias, racionando el presupuesto sanitario y universalizando la atención médica. Pero ya estamos presenciando algunos cambios en el papel del médico respecto al paciente.

Las bases conceptuales sobre las que se han dado estos cambios pueden resumirse así: la medicina está reajustando su punto de vista sobre las relaciones entre sujeto y objeto. El médico de hoy ya no puede ver al paciente que sufre como un objeto aislado, sino que debe considerarle dentro de una red de sufrimiento más compleja. El cuidador ideal proyecta una serie de preocupaciones personales que deben incorporarse a una compleja serie de juicios que van más allá de los datos científicos objetivos. Estos incluyen la idea de la salud como función óptima, longevidad, vigor y ajustamiento psicológico, o sea, los parámetros presentes en un nuevo modelo de enfermedad, existencial e inclusivo. En otras palabras, el modelo científico médico es demasiado restrictivo y no puede acomodar las demandas de una población que exige una salud ideal. Por eso el modelo de enfermedad propuesto por el Informe Flexner a principios del siglo XX ya no puede gobernar la profesión médica hoy. Irónicamente, se avecina un modelo más antiguo de médico, basado en la relación fundamentalmente humana entre doctor y paciente.

El abismo entre los avances tecnocráticos de la medicina y estas redescubiertas preocupaciones humanas se manifiesta en muchos foros, pero tal vez de manera más evidente en la tendencia hacia la financiación personal o privada *[financial capitation]*. Aquí asistimos a una reafirmación de la responsabilidad del médico en la salud del paciente. Como ya no se compromete solo a curar la enfermedad, la medicina crítica o de urgencias ha sido sustituida por la antigua práctica china en la que el médico prosperaba solo si su paciente se encontraba bien: el pago cesaba cuando enfermaba. En lugar de ser recompensado al realizar procedimientos o recetar terapias, al médico pagado por estos sistemas se le recompensa en cierta manera por *no* tratar al paciente. Algunos críticos consideran que esto conduciría a recortes en la atención sanitaria, permitiendo que los dictados de un presupuesto muy limitado justifiquen la no aplicación de ciertas terapias y procedimientos diagnósticos. Allí donde anteriormente la generosidad del presupuesto sanitario permitía a menudo la liberalidad en las recetas, este sistema podría incurrir en el problema inverso. Pero los optimistas ven al médico en estos sistemas como alguien comprometido con un servicio integral para mantener al paciente sano y fuera de peligro. Si este sistema funciona como dicen, no se abandonaría a su suerte al paciente asegurado, sino que recibiría todos los beneficios de un contrato de mantenimiento, como el que puede tener su coche o su caldera.

Este debate es un ejemplo clásico de racionamiento y gestión del riesgo, un área donde a menudo las propuestas se basan en datos fragmentarios, hechos poco claros y resultados incompletos. Sea cual sea el modelo adoptado, el sistema presentará al médico nuevos desafíos y exigencias. Además de formarse para tratar la enfermedad, se le pedirá que sepa cómo prevenirla, ralentizar la degeneración, promover la seguridad y aconsejar sobre todas las manifestaciones de la salud. Para hacerlo, el médico comprometido con este concepto integral de salud necesitará atender al paciente no como un individuo con una enfermedad o invalidez, sino como una persona en pleno ejercicio de su personalidad. Este intento de tratar a los pacientes como un todo se ha convertido en un motor de lo que se ha dado en llamar medicina humanista, consciente de su ética y sus responsabilidades globales.

Si esta reorientación refleja en verdad una transformación fundamental en nuestra visión de la salud y la enfermedad, podemos esperar otros signos de cambio. Como ya he indicado, las discusiones públicas sobre cómo distribuir recursos sanitarios han sido progresivamente dominadas por el mantenimiento de la salud y la prevención de la enfermedad, desplazando a la gestión de las urgencias. Otro ámbito en el que el *ethos* alternativo está ganando terreno es el de la determinación de las prioridades científicas que deberían guiar a la medicina. Asistimos a un importante cambio en la investigación clínica: aunque la enfermedad y su definición mediante estudios científicos conservan un papel crucial en la práctica médica, los programas de investigación deben tener en cuenta ahora nuevas preocupaciones.

Estos cambios en la atención sanitaria deben entenderse como algo más que respuestas a las presiones sociales, económicas y políticas a favor de un sistema más eficiente. Más allá de las transformaciones en las finanzas y organización de la industria, la revisión de las prioridades científicas dominantes ha provocado una cascada de actitudes y valores cambiantes entre los usuarios y los profesionales sanitarios. Debido a la creciente centralización del poder económico en los gobiernos y las grandes aseguradoras, se han vuelto a trazar las fronteras de la medicina. Esta ya no disfruta de su anterior autonomía relativa, ya no es una empresa científica soberana, y ha sido forzada a acomodar la demanda de una atención sanitaria basada en otros principios. La repercusión de estos cambios está causando una crisis en la medicina, pues han iniciado una reorientación de las prioridades científicas. Dado el poder político de este desafío, el convulso viejo orden ha sido obligado a adaptarse rápidamente a las nuevas demandas.

La financiación pública y privada de la investigación básica continúa creciendo, pero la población está más atenta a las aplicaciones prácticas del conocimiento médico, tanto en lo que se refiere a su eficiencia como a su acceso a todos los segmentos sociales. Un buen ejemplo de cómo se politiza la investigación está en la creciente atención prestada a los temas de salud de las mujeres. En 1991 el NIH lanzó un estudio de 600 millones de dólares llamado Women's Health Initiative. Estaba pensado para examinar los efectos de una dieta baja en grasas, terapia hormonal y suplementos de calcio y vitaminas, sobre las enfermedades cardiovasculares, el cáncer y la osteoporosis que afectan a las mujeres. El proyecto es tan grande y completo que ha sido descrito «casi como una campaña militar». Y así es, pues representa un consenso nacional sobre la necesidad de prestar más atención a los problemas de salud de las mujeres, y para obtener los datos hace falta un esfuerzo masivo. Otro caso similar es la creciente atención que despierta el cáncer de mama. Las críticas señalaron con acierto que en relación al problema de salud pública que supone, la investigación sobre cáncer de mama era modesta, por decirlo de algún modo. En la década pasada ya hubo intentos de dar una respuesta deliberada a las críticas que planteaban públicamente que la salud femenina había recibido poca atención. Aunque un investigador puede decantarse por explorar las bases genéticas, bioquímicas o biofísicas de esa dolencia, el apoyo institucional es de mayor escala (en detrimento de las pequeñas ayudas a científicos individuales) y más centrado en objetivos, identificando unas prioridades específicas. Para bien o para mal, asistimos a una ciencia que ya no parece estar aislada de sus bases sociales, a la que se fuerza a responder más activamente al contexto político que la promueve. Los activistas demandan que se atienda a sus propias propuestas y, en respuesta, el escrutinio ciudadano aparta los velos de un esotérico programa de investigación. La publicidad por medio de rumores sobre artículos de consumo defectuosos o peligrosos *[naderism]* se ha extendido a la industria sanitaria. En breve: una población mejor educada ha decidido que la ciencia es demasiado importante como para dejarla solo en manos de los científicos, y el laboratorio queda sujeto a influencia o incluso controles externos.

La presión política sobre la medicina ha sido impulsada tanto por la creciente «contextualización» de la ciencia (la exigencia pública de responsabilidad) como por las restricciones económicas sobre la industria sanitaria que traen consigo la distribución de recursos limitados. En el proceso de reubicación del capital, un enfoque más holístico y orientado a los pacientes ha surgido para equilibrar el impulso contrario, dirigido por un enfoque de la enfermedad más fundamental, reduccionista y científico. Esto no quiere decir que el primer enfoque sea anticientífico o acientífico, solo que su programa es más amplio: además de cuidadosos análisis de coste-beneficio, los planteamientos más humanistas representan una respuesta a la cuestión de cómo asignar recursos para una atención sanitaria integral, tan científica como compasiva. Me apresuro a añadir que no es imposible que un investigador de laboratorio reduccionista sea también un médico compasivo en la clínica. Pero, en general, lo que tenemos son dos programas en disputa por el dominio de la práctica médica. Dos programas con pragmáticas distintas, una gobernada por el mercado y la otra por los compromisos más profundamente humanos de la disciplina, que chocan y compiten para establecer los límites y los fines conceptuales de la medicina. Ahora estamos comenzando a presenciar los resultados prácticos de ese conflicto.

—¿Por qué no me has pasado el borrador del artículo? Jackson ya ha publicado su resumen... se nos van a adelantar. Tenemos que enviarlo a la revista la semana que viene.

—Lo siento, pero me enredé en la clínica ayer, y luego tuve turno de noche.

—Esa excusa no vale. Nunca dejes que cuidar pacientes interfiera en tu carrera.

Mis prioridades estaban claras. La reprimenda dolió. Ya conocía la lección. Al final de mi estancia el jefe de los residentes me llamó para decirme: «Fred, serás catedrático antes que todos nosotros, pero ¡no te molestes en cuidar a los pacientes!». Me sentí humillado, pero él era un tipo inteligente y yo sabía que no le faltaba razón. Hicieron falta años para que yo me replantease mis prioridades.

Mi formación médica necesitaba una revisión completa.

Soy científico. Me formé como bioquímico y pasé la mayor parte de mis años de formación como médico en un laboratorio. Aprendí las lecciones clave para avanzar en la academia de mi mentor en Harvard, un investigador muy productivo que en mi opinión contribuyó más al bienestar público que cien —o mil, por decir algo— clínicos ordinarios, si se pudieran hacer comparaciones así. Pero este modelo de carrera, ya sea traducido a las preocupaciones mundanas de los médicos que quieren ganar dinero, o a las de los académicos que quieren medrar en la jerarquía de la medicina universitaria, debe parecer brutal y egoísta a la mayoría de los pacientes. Hay sitio para diferentes modelos de excelencia, pero en el contexto clínico al paciente lo que le preocupa es el cuidado que recibe, no la autopromoción del médico. Y sin embargo las recompensas en nuestras Facultades de Medicina no suelen ir al clínico más comprometido, sino al clínico-científico más competitivo, dedicado (dependiendo del punto de vista) a la expansión del conocimiento, o más cínicamente a recibir becas, prestigio y dólares para la universidad. En cualquier caso, en el nombre de la ciencia el sistema médico ha recompensado casi universalmente (hasta hace bien poco) al investigador con éxito a expensas del clínico. Pero ahora los criterios comienzan a cambiar. ¿Por qué?

Tal vez el signo más claro de la retirada de la ciencia como *ethos* rector —si no exclusivo— de la medicina, y de su sustitución por la preocupación por el paciente como persona, sea el alza del movimiento por los derechos de los pacientes. La ética médica moderna nació de la sospecha básica de que los médicos tal vez no fuesen tan omniscientes ni infalibles en aquello que se les confiaba como podía esperar la población. La mayoría de los comentaristas marcarían el nacimiento de la ética médica contemporánea con la defensa legal de los derechos de los pacientes enunciada en el famoso *caso Quinlan* en 1975. Robert Morse, un joven médico, y Joseph Quinlan, el padre de una joven de 21 años, Karen, se disputaron el derecho a terminar sus cuidados. Los Quinlan basaban su decisión de interrumpir las medidas de soporte vital en una declaración de 1958 del Papa Pío XII sobre casos como el suyo. Según esta doctrina católica, los derechos y deberes de la familia dependían de la voluntad presunta de la paciente, la reanimación no era necesariamente una obligación, y si fuese una carga para la familia, esta podría insistir legítimamente en que los cuidados se interrumpieran. El médico se opuso a la solicitud de la familia en base a su interpretación de la jurisprudencia médica y la ley estatal; en el pleito civil que resultó, el Tribunal Supremo de Nueva Jersey dio la razón a los padres al dictaminar que la «autodeterminación» o «derecho independiente a elegir» de Karen era parte del «derecho a la privacidad» protegido por la Constitución. La familia podía ejercitar ese derecho en su nombre si no había posibilidad razonable de que saliese del coma. El Tribunal añadió la condición de que un Comité de Ética debía validar la decisión, y así nació esa institución hoy universal.

Aunque el caso Quinlan estableció claramente el derecho de los pacientes a rechazar tratamientos de soporte vital, la implicación moral subyacente validaba una crítica a lo que había sido la ética médica hasta entonces: aunque los médicos tenían autoridad sobre los *hechos* médicos, no eran necesariamente expertos o autónomos sobre los *valores* o *principios morales*. El asunto ético central no era discernir lo que podría ser indicado o aceptable médicamente, sino más bien responder a la pregunta sobre qué valores elegir. En lo fundamental el caso Quinlan sostuvo que las decisiones sobre atención médica se situaban claramente dentro del ámbito de autonomía del paciente, y que el conocimiento científico no podía extenderse más allá de su esfera propia. Eliminadas así varias formas de «paternalismo» médico, las décadas de 1970 y 1980 presenciaron el triunfo de la autodeterminación con todo lo que ello conlleva.

Como ha documentado David Rothman en *Strangers at the Bedside,* los médicos hoy están vigilados por especialistas en bioética, atentos abogados, administradores nerviosos y pacientes desconfiados, y a cada uno de ellos le preocupa preservar las tenues barreras que protegen la autonomía del paciente. Pero tradicionalmente esta defensa de los derechos individuales había sido contrapuesta a los intereses de la comunidad como un todo, de manera que el respeto a las necesidades del individuo debía ser equilibrado con los, a menudo opuestos, intereses comunes del cuerpo político. Este tema ha tenido diversas representaciones desde que Antígona enterrase a su hermano en contra de las órdenes del rey, y todavía hoy continuamos debatiendo el equilibrio entre las aspiraciones libertarias del individualismo norteamericano y su contrapartida, nuestra moralidad comunitaria.

Cuando este asunto se discute en el contexto de la ética médica, nos encontramos con más o menos el mismo debate. Algunos sostienen que la base general de la estructura ética de la medicina no ha de buscarse en el principio de autonomía, sino más bien en el «principio de permisión». Este principio no privilegia un valor abstracto como la autonomía o la libertad, sino más bien una autoridad moral secular guiada por el consentimiento de la comunidad. La moralidad se vuelve así relacional, un contrato entre individuos que consienten en buscar el bien común. En esta construcción, el énfasis está en la *relación,* y la autonomía de los respectivos individuos queda subordinada. Esto no supone sacrificar la autonomía, sino reducirla adecuadamente, tratarla como un factor entre otros más en las relaciones entre ciudadanos.

Esta comprensión de la definición relacional ha jugado un papel importante en la filosofía del siglo XX, en la que críticas feroces han ido erosionando la idea de autonomía, el principio rector de la filosofía moral desde la Ilustración. Esta reevaluación surgió de una revolución conceptual aún más fundamental, en la que el yo autónomo se contempla solo como un paso más en la evolución de nuestras ideas sobre lo que es ser humano. Me refiero aquí a la amplia cuestión de la *identidad.* El tema consiste en situar al ser humano en su contexto existencial, insertado en el mundo, no como un individuo autónomo que vive libremente en soledad. La tesis general que quiero desarrollar es que una persona no es una entidad autocontenida, autodefinida o «establecida» de manera independiente, sino que se vuelve auténtica en sus encuentros con los otros, sean estos físicos, sociales o divinos. Teóricos posteriores, a menudo descritos como postmodernos, han concebido el yo como algo estructurado arbitrariamente sobre un edificio compuesto por encuentros culturales e históricos particulares. De modo que el yo no solo se ve como algo carente de límites o de una esencia constituida, sino que su propia constitución es contingente, y de manera radical. Permítanme revisar brevemente la historia de esta visión filosófica, pues al elucidar cómo se disloca radicalmente nuestro sentido de la identidad nos encontraremos de nuevo con los problemas que subyacen a la ética médica.

2

El rumbo de la autonomía

Autonomía en medicina

Joe era un amigo íntimo. Quince años por delante, era como mi hermano mayor, alguien que me aconsejaba y reconfortaba en muchas situaciones. A los 59 había dejado su trabajo en la Universidad y estaba disfrutando de una jubilación modesta pero satisfactoria. Su mujer le adoraba y tenía muchos amigos. Llevaba una vida cómoda.

Una mañana me llamó:

—Doc, no me siento bien.
—¿Qué te pasa?
—No estoy seguro. Náuseas; no puedo comer.

Joe no era de los que se quejan. —Voy para allá.

Cuando llegué, Joe estaba tumbado en el sofá. Pálido. Le tomé el pulso. Débil e irregular. —No me gusta esto. Sarah, llama a una ambulancia.

Cuando llegamos a urgencias, el residente le hizo un electrocardiograma y regresó con la gráfica.

—Parece un infarto agudo de miocardio.

—¿Qué? — preguntó Joe sin poder creerlo.

—Un ataque al corazón —me dijo el joven médico—. Mira, tenemos que actuar rápido. El infarto parece limitado a un polo. Tenemos un protocolo para unos trombolíticos. ¿Qué quieres hacer?

Me volví hacia Joe.

—Mira, podemos tratarte con los métodos habituales o intentar una terapia nueva que abre los vasos sanguíneos bloqueados. Están pensados para ayudar a disolver el tapón en tu arteria coronaria.

—¿Qué piensas tú? — preguntó Joe con expectación.

—No estoy seguro. Si supiéramos qué es lo mejor, no nos haría falta un protocolo experimental. Lo hablaré con el cardiólogo.

Llamé al busca del doctor C. y, mientras le esperaba, revisé rápidamente el protocolo: unas 25 páginas de antecedentes experimentales, datos clínicos preliminares, posibles complicaciones y demás. No era experto en problemas cardíacos, así que me quedé más tranquilo tras hablar con el doctor C., que explicó en tres frases las posibles complicaciones y lo que a su juicio eran unos riesgos bajos. Me volví hacia Joe.

—Realmente no sé qué decir. Los médicos de aquí están entusiasmados con este protocolo nuevo, pero quién sabe. Al menos con el régimen estándar sabemos los resultados probables —se los expliqué y Joe preguntó a Sarah: —Cariño, ¿qué dices tú?

Ella encogió los hombros. Me miró y dijo:

—Doc, decide tú.

—Seguid el protocolo.

Al escuchar esto, el residente salió disparado y regresó rápidamente con los papeles de la autorización. Conectado a un gotero y varios monitores, sin ropa, con enfermeros y médicos corriendo alrededor de su camilla, Joe firmó y cerró los ojos. Le llevaron a la unidad de cuidados coronarios intensivos y comenzaron a infundirle el fármaco; nadie sabía cuál porque los viales estaban codificados. El estudio era doble ciego para que ni los pacientes ni los clínicos supieran qué fármaco se estaba poniendo.

Seis horas después, Joe sufrió un derrame cerebral masivo. La cirugía no tuvo éxito y murió a la mañana siguiente.

Hasta ahora he descrito el estado de la medicina como algo que fluye, como una trayectoria histórica en la que la medicina científica provoca inquietudes sobre el cuidado de los enfermos. Por supuesto que me interesan los diversos factores sociales y económicos en juego hoy, pero mi labor primaria es diferente. Aunque mi tesis debe situarse en un contexto cultural y un particular momento histórico, la cuestión planteada por la actual crisis de la medicina requiere además otra clase de investigación: una discusión filosófica que por su propia naturaleza se dirija a los temas más amplios que nos ocupan. En este capítulo comenzaré a construir un argumento filosófico en respuesta a la cuestión de cómo podemos hacer que la medicina cumpla mejor con su misión humanitaria. Situar las corrientes filosóficas en juego puede ayudarnos a identificar los vientos sociales y tecnológicos que nos impulsan. Con una noción más clara de lo que esperamos éticamente de la medicina, tal vez podamos articular un programa de reforma médica, desde la educación hasta las prioridades económicas, desde las aplicaciones tecnológicas hasta las directrices para el cuidado. En breve: si podemos entender mejor los temas filosóficos de fondo que informan poderosamente nuestras visiones del mundo y nuestra manera de comprendernos a nosotros mismos, tendremos una herramienta útil para evaluar nuestra industria médica y redirigirla para que nos sirva mejor.

Los filósofos hablan de «fundamentar» la ética. Con eso se refieren a los intentos de establecer una base para la filosofía moral. A la vista de los interminables debates que genera este tema, tienen tarea para rato. En buena parte, el problema de la fundamentación surgió cuando el laicismo empezó a eclipsar a la teología. Cuando la religión determinaba la conducta, la moralidad estaba dictada por la revelación y la interpretación de la Palabra de Dios. En los albores de la edad moderna, la teología fue superada por diversas formas de conocimiento, y la revelación ya no pudo continuar siendo el referente ético con el que orientar nuestras vidas. La ciencia ayudó a formular esta nueva manera de pensar, y el laicismo a su vez reforzó el crecimiento científico. En esta relación mutua, la ciencia se benefició del laicismo, y el laicismo utilizó la ciencia en apoyo de su campaña contra el dominio religioso de la vida civil. Consecuentemente, la medicina se transfiguró por este avance de la ciencia, y su estructura ética cambió.

No es fácil discernir siquiera una base común a partir de la cual podamos discutir la ética de la medicina. Además de algunas poderosas tradiciones religiosas que aún imponen respeto, los argumentos del laicismo norteamericano contemporáneo tienden a alternar entre un utilitarismo pragmático y una orientación más afín a lo religioso basada en el derecho natural. En estos casos, la ética emula el ideal democrático y se pliega a las demandas plurales de una sociedad diversa, compuesta por múltiples lealtades étnicas y religiosas. Pero en contextos políticos diferentes otros ideales éticos pueden surgir, y de hecho lo hacen. Por ejemplo, podríamos basar nuestra ética en un ideal griego, sobre una concepción de lo bueno o lo excelente. O podríamos buscar una moralidad relacional universal en la que el sentido de la responsabilidad por el otro resida en alguna otra forma de entendimiento, por ejemplo en nuestra naturaleza biológica como animales comunitarios, o quizá en una construcción religiosa universal. Así, en esta época de gran sensibilidad hacia las diversas prácticas culturales la ética se ha convertido, en cierto sentido, en otro foro para buscar consensos entre orientaciones filosóficas en conflicto. De modo que la pregunta pertinente en nuestra discusión ahora es: ¿Cómo fundamentar la ética médica en la filosofía en general?

La ética médica contemporánea puede decirse que nació en el intento de rescatar la dignidad del paciente ante la manipulación y deshumanización de una ciencia clínica tecnologizada. El descontento que parecía subyacer a las diversas críticas partía de la preocupación por la autonomía del paciente, la noción moral que era más fácil extrapolar de los preceptos legales de nuestra cultura política. El eco de esas críticas fue *in crescendo* en la década de 1970 con la demanda de que los pacientes no deberían perder ninguno de sus derechos como individuos autónomos por el mero hecho de estar enfermos. Tenían derecho a mirar su historia clínica, conocer el diagnóstico, participar en las decisiones terapéuticas y, llegado el caso, decidir cómo morir. Tal vez la expresión más radical de este sentimiento fue la extensión de esos derechos a los pacientes institucionalizados por sufrir una enfermedad mental. Thomas Szasz y otros activistas de los años sesenta lideraron un movimiento para emancipar a esos pacientes y sacarlos de los hospitales psiquiátricos. Ni los dementes se librarían de su autonomía. A no ser que fueran considerados como un peligro para sí mismos o para otros, eran libres de andar por las calles y buscarse la vida como mejor pudieran. Ahora podemos verlos a diario, hablando consigo mismos, empujando carros de la compra y arrastrando bolsas de plástico con sus posesiones.

No voy a decir nada en contra de la autonomía del paciente. Pero dudo que sea un fundamento suficiente sobre el cual construir una medicina más humanista. He llegado a esa conclusión a partir de un análisis filosófico que busca establecer los términos descriptivos fundamentales de la ética médica. Cuando invoco a la filosofía no pretendo meterme en una doctrina formal, llena de jerga técnica y distinciones sutiles. La filosofía es el foro adecuado para esta discusión porque ostenta la capacidad necesaria para articular los asuntos relevantes: necesitamos una descripción de la práctica médica que responda a las demandas actuales pero que pueda, al mismo tiempo, guiarnos en la dimensión moral de la medicina. El trabajo de la filosofía es analizar. Raramente «resuelve» los problemas del modo que, digamos, un ingeniero resuelve el diseño de un puente, o un hombre de negocios resuelve el problema de cómo hacer llegar mercancías a su sede en Mongolia.

Estos temas tienen una larga historia; primero esbozaré brevemente algunos de esos antecedentes, no para dar una lección, sino para ayudar a entender cómo nos vemos a nosotros mismos como «yoes». Comenzamos aquí porque las nociones de persona y moralidad están íntimamente ligadas en nuestra comprensión de la agencia moral. Nuestras concepciones del individuo han cambiado mucho desde el siglo XVII, y la ética está ahora basada en una concepción particular de cómo deberían actuar las personas; debemos buscar una filosofía en la que el yo y la ética estén integrados y que sea a la vez adecuada para nuestro tiempo y lugar. No voy a negar los éxitos de la ética basada en la autonomía hace tres siglos, pero quiero mostrar los límites de esa idea política en la medicina contemporánea. La autonomía ha tenido ciertamente una función crucial en la evolución de la sociedad liberal, pero no por ello deja de ser una invención, el producto de un tiempo y lugar en particular, y ya sabemos que el tiempo no se queda quieto. Así que repasemos ahora cómo la idea de autonomía creció en su contexto histórico y cuál fue su destino filosófico.

El nacimiento de la autonomía liberal

Fuera de la noche que me cubre,
Negra como el abismo de polo a polo,
Agradezco a cualquier dios que pudiera existir
Por mi alma inconquistable.

En las feroces garras de las circunstancias
Ni me he lamentado ni he dado gritos.
Bajo los golpes del azar
Mi cabeza sangra, pero no se inclina.
[...]
No importa cuán estrecha sea la puerta,
Cuán cargada de castigos la sentencia.
Soy el amo de mi destino:
Soy el capitán de mi alma.

William H. Henley, *Invictus*
(Traducción de Juan Carlos Villavicencio)

El concepto liberal de derechos individuales se originó en la democracia británica, que a su vez surgió de un complejo juego de factores económicos, sociales, políticos e intelectuales en el siglo XVII.

Entre los constructores filosóficos que levantaron los pilares de esta idea, John Locke (1632-1704) aparece como uno de los arquitectos más destacados, constructor de una filosofía que proporcionó el edificio conceptual a la expresión política y jurídica de esos ideales. Locke estaba bien situado para aprender los aspectos prácticos de la ciencia y la medicina, así como sus bases filosóficas, pues fue discípulo de los principales maestros de esas disciplinas. Con Robert Boyle (1627-1691) estudió los métodos experimentales de la física y la teoría subyacente, y aprendió medicina con Thomas Sydenham (1624-1689), el primer gran médico de la era moderna. Pero más que dedicarse a la filosofía natural y estudiar la naturaleza, Locke se convirtió en un político y diplomático, y fue en ese foro donde aplicó las lecciones aprendidas de los científicos y médicos de su entorno.

Entre los científicos de esa época surgió una preocupación por saber cómo las percepciones determinan nuestro conocimiento del mundo y cómo la mente influye en esas percepciones. Estos primeros científicos entendieron que racionalidad (funciones cognitivas) y experiencia (facultades de percepción) se interrelacionan de una manera tan compleja que separarlas es imposible. Por mucho que uno quiera percibir el mundo objetivamente, sin proyectar sesgos o subjetividad, es literalmente imposible hacerlo. Al mismo tiempo, quedaba claro que la descripción y la experimentación exigían esa separación, porque el método científico estaba ostensiblemente basado en una objetividad escrupulosa, en la que el observador debía limitarse a proporcionar datos y establecer inferencias lógicas. Así, la autonomía del observador fue un precepto clave del método científico que nacía, y los filósofos trataron de establecer las bases sobre las que reclamar un conocimiento objetivo.

El problema de la autonomía pasó del laboratorio a la arena política y se convirtió en parte central de la filosofía de Locke. Durante la Ilustración los filósofos continuaron debatiendo las implicaciones y los fundamentos de esa posición, un debate que se extendió a las discusiones científicas y jurídicas de la época. En tanto que teórico político, para Locke la autonomía funcionaba como *la* piedra angular de una sociedad inmersa en una transformación desde algo sometido al derecho divino de los monarcas a algo autogobernado y regido por los derechos democráticos del individuo, concebido como el único agente de su búsqueda de la felicidad y árbitro de la voluntad social. Violentas revoluciones en Inglaterra, Francia y América efectuaron esta transición a finales del siglo XVIII.

Hoy damos nuestra autonomía por supuesto; pensamos en nosotros mismos como personas que merecen afirmar su individualidad y capacidad de elegir. La historia de esta idea es fascinante, pero lo importante —y aquí está la enseñanza filosófica clave— es que el individuo autónomo fue algo *inventado*. Se puede defender en términos del ser natural, los derechos otorgados o cualquier otro apoyo conceptual disponible para ese constructo, pero esencialmente el *homo democraticus* surgió dentro del liberalismo inglés. Me tomaré un momento para resumir cómo formuló esta invención Locke, el autor clave de este nuevo ciudadano político. Hay en este tema muchos paralelos interesantes con la construcción del ámbito moral adecuado para la medicina contemporánea.

Locke estaba profundamente impresionado por los logros científicos de Isaac Newton, que enfatizaba la *autonomía* como algo central en su descubrimiento de las leyes de la gravedad y el movimiento. El extraordinario poder de sus predicciones había ordenado el mundo físico por completo, desde la caída de las manzanas a la trayectoria de las balas de cañón, mediante simples ecuaciones de fuerzas gravitacionales y mecánicas. Con este triunfo de la ciencia, una clase particular de caracterización objetivada y matemática del universo presentó a la humanidad una transformación revolucionaria de su lugar en el mundo. Al dar con una explicación mecánica y materialista de los movimientos de los cuerpos celestes, los seres humanos se vieron capaces de discernir mediante el pensamiento los misterios del mundo, e incluso los de su propia naturaleza. Las razones de esta reconsideración de nuestras propias capacidades cognitivas humanas son obviamente muy complejas, pero pueden resumirse en al menos un aspecto: con la revolución científica nos volvimos capaces de observar la naturaleza y discernir su funcionamiento no mediante la pura razón como querían los escolásticos medievales, ni mediante una fórmula mágica como la que buscaban los alquimistas, ni mediante la revelación divina como decía la Iglesia medieval, sino mediante un nuevo enfoque, empírico y objetivo: el «método científico».

El método científico partía de dos clases de racionalidad deliberada: la prueba de una hipótesis —la deducción— y la generalización de unas observaciones —la inducción—. Los datos se recogían y organizaban de acuerdo a sus rasgos en común; este proceso inductivo se complementaba con la lógica deductiva de proponer una hipótesis y luego rechazarla (para probar con otra nueva) o encontrar pruebas que la confirmasen. La ciencia fue entonces una síntesis innovadora de lógica y empirismo, una combinación de procedimientos «de arriba abajo» (hipotético-deductivos) y «de abajo arriba» (inductivos). En ellos, las pruebas empíricas y la experimentación se utilizaban para proporcionar caracterizaciones matemáticas y abstractas del mundo físico. Para que este método funcionase, el científico tenía que alcanzar una perspectiva sobre el mundo desde un punto de vista autónomo, sin lugar para los prejuicios. El éxito de la ciencia dependía de la autonomía de la percepción y el pensamiento. Esta idea del ser humano como algo ajeno a las perspectivas partió de la invención del método científico, y juntas influyeron profundamente mucho más allá de los laboratorios y observatorios de Europa.

El ideal científico —racionalidad desatada, experimentación objetiva, observación autónoma— se trasladó a los ideales morales y políticos de la Inglaterra del siglo XVII. La filosofía de Locke dependía de la habilidad del individuo para separarse del mundo, de su propio yo incluso, para observarlos objetivamente, como Newton observó la caída de las manzanas y la órbita de los planetas. El individuo entonces se vuelve una conciencia independiente, una conciencia que se relaciona con el mundo mediante la *objetividad*. El nacimiento de la ciencia moderna estuvo dominado por los intentos de ser objetivo, y fue este mismo intento de establecer la independencia del sujeto pensante —dotado ahora de derechos legales— el que dominó los pensamientos de Locke sobre el agente moral y político.

Esta aparición del individuo lockeano tuvo profundas ramificaciones éticas. El modo científico de desapego objetivo se convirtió en una exigencia ética a la hora de escrutar no solo el mundo, sino también el yo. En lo moral, estos conceptos se unieron en la filosofía política de Locke, en la que la autonomía se convierte en un valor cuyo único límite está en el punto en que la libertad de un individuo entra en conflicto con la de otros. El individuo así definido se convierte en la unidad básica del gobierno, dividido entre su libertad y los derechos de la mayoría. El *yo* se transmuta en un término aplicable por el Derecho, y la individualidad se asegura y celebra en este sistema. Somos herederos del liberalismo del siglo XVII y de esta visión del ser humano como propietario esencial de su propia persona.

Más allá de esta definición legal del individuo, el yo se convirtió en el centro de la especulación filosófica en tanto que «entidad cognoscitiva». La creciente conciencia del individuo como criatura observadora que busca un conocimiento objetivo del mundo condujo a preguntas básicas sobre la naturaleza misma de la mente. ¿Cómo nos separamos del mundo en tanto que observadores, por qué medios construimos esa mente que de hecho es capaz de conocer el mundo y a sí misma? La mejor articulación de este agente epistemológico, dotado de la capacidad de conocer, fue proporcionada por Immanuel Kant (1724-1804) al final del siglo XVIII, en lo que llamó la «apercepción trascendental del yo». Por «trascendental» quería decir que tal entidad debía existir como una condición necesaria y *a priori* de la experiencia, determinada por la constitución misma de la mente. Parecía tan necesario como obvio que tuviéramos un yo así a efectos de cohesión psicológica.

Mientras Locke había extendido el problema de la identidad al ámbito político, Kant estaba más preocupado por el problema de establecer una base filosófica para la entidad cognoscitiva. Aunque el yo trascendental de Kant tenía implicaciones morales importantes, le llamaba la atención nuestra unificación de pensamiento y experiencia. Esta construcción era en gran medida una definición operacional de la identidad, a saber: el sentido de la conciencia como una unidad interna, fundamental e inmutable. Para Kant, cierta unidad estructurada de conciencia —el puro yo— precede (y trasciende) el contenido de nuestras percepciones y hace posible su orden y sentido al ser experimentadas. Así, se postuló una entidad —el yo— como condición necesaria para tener experiencias y para sintetizarlas en una unidad. De esta manera, la «personalidad» asumió una definición particular de lo que hacía falta para ser una entidad cognoscitiva.

Esta creencia moderna en un yo trascendental sirvió de base para nuestra percepción sensorial (cómo conocemos el mundo), para nuestra definición de la unidad político-legal de gobierno (el ciudadano), para nuestro sentido emocional de la identidad (la psique) y, tal vez lo más fundamental, para nuestra propia concepción de agencia: nuestro concepto de quiénes *somos*. Desde mediados del siglo XVII hasta el proyecto kantiano, el yo proporcionaba una perspectiva sobre el mundo y lo ordenaba, convirtiéndose así en el centro de la certeza y la verdad. Para Descartes, Locke, Kant y los pensadores de su época, el yo era una *entidad*, algo coherente y definido de tal manera que satisfacía su necesidades filosóficas y psicológicas. Charles Taylor, en *Sources of the Self*, describió esta idea del yo como algo «puntual», reflejando la idea de que había, en toda nuestra vasta experiencia, un núcleo de identidad que no podría reducirse o eliminarse.

En el siglo XX, la más influyente filosofía del yo en línea con esta orientación fue la de Sigmund Freud, que también estaba comprometido con este concepto de la identidad como un todo integrador, constituido por varios niveles de conciencia. Las particularidades de su teoría no son esenciales para nuestra discusión, pero me limitaré a notar que su análisis de los sueños (y del lenguaje y la conducta ordinarios) postula un yo compuesto de diferentes categorías psíquicas, que sin embargo adquieren cierta coherencia en una personalidad unificada jerárquicamente. Esta reestructuración radical del yo cotidiano mediante una matriz de instintos subyacentes en el inconsciente no debemos tomarla como algo *filosóficamente* revolucionario. No se trata de minimizar la importancia de su idea de que, en última instancia, estamos gobernados por pasiones e instintos de agresión contenidos a duras penas por nuestro superego moral, pero hay que reconocer que, al derrocar Freud el ego racional, el yo se mantuvo como identidad, solo que más compleja y misteriosa. A pesar de esa formulación, iconoclasta solo en apariencia, Freud era en buena medida un pensador ilustrado comprometido con la noción tradicional del yo. Su teoría se mantuvo anclada en esa concepción moderna en la que el yo, aunque sea dinámico en composición y actividad, constituía sin embargo una identidad, una entidad, con estructura y límites propios.

Seamos freudianos o no, la mayoría de nosotros creemos ser «yoes», pensamos que tenemos una identidad interior, protegida y conocible, a la que atribuimos nuestros tratos con el mundo y con nuestra propia psique. El psicoanálisis se dedicó a definir ese yo, a estabilizarlo y racionalizar sus anomalías. Su proyecto crítico, como el de Kant, aspiraba a la coherencia, buscando una narración que diese consistencia o completitud a la búsqueda de la identidad personal. Quienes carecen de un sentido firme del yo son considerados como mentalmente inestables, y ciertamente es imposible funcionar en un universo social sin alguna clase de compromiso estable con la identificación personal.

Pero esta idea del yo como una entidad cohesiva es demasiado simple y, en su simplicidad, falsa.

Tal vez una analogía pueda iluminar el problema. Pongamos que vamos a Boston en coche. Las señales dicen que estamos a cien kilómetros de la ciudad, una hora aproximadamente. Por varias razones, básicamente la necesidad de estandarizar las distancias, definir límites y demás, hay un marcador en Boston que indica el centro de la ciudad. A efectos de las señales en la autopista, este marcador *es* Boston. Pero yo conozco Boston cuando estoy en la ciudad, y mucho antes de llegar al marcador ya puedo sentir su municipalidad en diversas y múltiples manifestaciones. De hecho, pocas veces me acerco siquiera a las proximidades de ese marcador. En ese sentido es un punto ficticio, y a efectos de esta discusión es casi totalmente análogo al yo puntual de Locke. Pero hay una diferencia clave entre ellos: Boston tiene de hecho un punto central, definido por su ayuntamiento; yo, en tanto que un yo, no tengo un punto de identidad similar. ¿Qué podría *ser* un punto así? ¿Cómo podría describirse un símil semejante?

No obstante, pensamos en nosotros mismos como yoes. Es un constructo útil para pensar nuestra personalidad y nuestra cultura comunal. Pero la enseñanza de la historia es clara: cada época ha creado su propia versión de la persona. El yo puntual es producto de la Ilustración y fue construido para tratar con los desafíos filosóficos planteados por las necesidades sociales y políticas de esa cultura. Vivimos en una era distinta, gobernada por una hueste de nuevas fuerzas culturales, de manera que no es sorprendente que nuestras propias nociones de la personalidad —definidas por un desarrollo histórico largo, complejo y hasta tortuoso— son radicalmente distintas a las de Locke o Kant. Claro que los vestigios de sus ideas permanecen, pero otras versiones de la personalidad han reemplazado a las de la Ilustración. Estamos inmersos en nuestro propio tiempo, y esta época ha sustituido con otra distinta la versión del sujeto cognoscitivo presentada por los grandes pensadores que vivieron hace dos, tres o cuatro siglos. Aún podemos extraer valiosas lecciones de ellos, pero el proyecto de definirnos nunca cesa y una categoría tan fundamental como la persona es muy sensible a los cambios de contexto. En la siguiente sección resumiré una noción radicalmente diferente del yo autónomo, y en el siguiente capítulo mostraré cómo la puesta a prueba de esta concepción ha traído consecuencias morales de gran calado.

El yo orgánico

> Pero el despierto, el sapiente, dice: cuerpo soy yo íntegramente, y ninguna otra cosa; y alma es solo una palabra para designar algo en el cuerpo. El cuerpo es una gran razón, una pluralidad dotada de un único sentido, una guerra y una paz, un rebaño y un pastor. [...] Detrás de tus pensamientos y sentimientos, hermano mío, se encuentra un soberano poderoso, un sabio desconocido —llámase sí-mismo—. En tu cuerpo habita, es tu cuerpo.
>
> Friedrich Nietzsche, *Así habló Zaratustra*, «De los despreciadores del cuerpo» (Trad. de Andrés Sánchez-Pascual)

Me inicié a mí mismo en filosofía con 14 años. En esa edad de descubrimientos buscaba respuestas a las típicamente difíciles —y, como descubrí más adelante, imposibles— preguntas que han ocupado a los metafísicos de todos los tiempos. Comencé con dos manuales: *The Story of Philosophy* de Will Durant y *A History of Western Phi-*

losophy de Bertrand Russell. A pesar de las pocas y poco amigables páginas dedicadas a Friedrich Nietzsche (1844-1900) me sentí atraído por él. ¿Por qué? Supongo que en gran parte porque articulaba el problema que subyacía a mi propia búsqueda de identidad. Aunque tras su muerte hubiera sido usurpado por la ideología nazi, proporcionaba algo crucial a mi propia comprensión de la cultura, la ética, la racionalidad y el yo. Era como un lobo gris que vagase aullando a la luna por los oscuros bosques de Europa. Desde luego, no encajaba con la idea que tenía de un filósofo analítico y racionalista. En muchos aspectos era un poeta que celebraba nuestra naturaleza orgánica. A mi juicio, le correspondía más un lugar en el panteón junto a Walt Whitman, Dylan Thomas y D. H. Lawrence, que junto a Sócrates, Descartes o Kant. Nietzsche buscó y encontró sus raíces no en una moralidad social, sino en la autoafirmación de su voluntad biológica. Era un eterno adolescente, lo que me permitió reconocerle como un espíritu afín cuando lo encontré. De hecho, su temperamento me contaminó de tal modo que decidí no apuntarme en ningún curso de filosofía en la universidad. Aunque leía desde Platón a Wittgenstein, siempre regresaba a Nietzsche.

Mi devoción por Nietzsche no andaba descaminada, tal vez no para encontrar un fundamento en la filosofía clásica, pero sí como base para entender la cultura contemporánea de manera más amplia. Muchos caminos del pensamiento del siglo XX remiten a él, incluyendo nuestras ideas sobre el inconsciente, el pluralismo de la experiencia, la responsabilidad de la moral por sí misma, o el papel del arte. En cada uno de esos ámbitos Nietzsche buscó la «autenticidad del yo», que dependía en última instancia de reconocer nuestra naturaleza biológica y su plena realización en lo que él llamó «éxtasis». La suya era una búsqueda romántica, y creo que gran parte de su mensaje acerca de cómo re-encantar nuestro mundo mediante el sentido, aunque sea derivado y experimentado de manera individual, está en la base de nuestras aspiraciones colectivas. Me he vuelto muy crítico de su formulación, pero reconozco que entender a Nietzsche abre una ventana muy importante para vernos a nosotros mismos.

Quiero explicar dos temas mediante una discusión de Nietzsche: el primero es sobre su noción de autonomía, desarrollada en nuestra época post-darwiniana; el segundo tiene que ver con la «idealidad», la aspiración a tener una salud y un bienestar ideales, tan propia de nuestras preocupaciones contemporáneas por la medicina. Creo que la manera en la que nos pensamos a nosotros mismos, como cuerpos, como organismos biológicos, es una idea relativamente nueva; la concepción nietzscheana de la lucha por la vida y la salud ideal articuló claramente lo que después se ha convertido en una creencia común sobre el yo. Por muy útiles que sean estas nociones para entender nuestras ideas actuales sobre la salud, hay otros aspectos menos interesantes en el pensamiento de Nietzsche. Me refiero al callejón sin salida en el que nos mete el principio de autonomía en ética. Por eso subiremos a la montaña de Nietzsche para contemplar el paisaje, pero bajaremos de ahí para poder escalar otros picos.

Nietzsche y el nihilismo parecen ir de la mano. Este es un asunto confuso, pero simplificando diremos que hay dos clases de nihilismo. En el primero, Nietzsche atacó la cultura occidental, y en especial la moralidad judeocristiana. Sin dejar títere con cabeza, proclamando que «Dios ha muerto», lanzó un ataque completo y total. Este nihilismo «negativo» es el que prevalece en la caricatura popular de Nietzsche, algo así como el equivalente filosófico de la marcha hacia el mar del General Sherman. Pero hay una segunda clase de nihilismo en el pensamiento de Nietzsche, tal vez más sutil y elusivo debido a su falta de estructura formal. Este es el nihilismo «positivo» que defiende la moralidad individual a expensas de la colectiva. Al deconstruir las categorías de la vida —ya sean sociales, psíquicas, históricas o morales— Nietzsche expone también una ética radicalmente personal. Criticando sin piedad lo falso de creer en la existencia «ahí fuera» de una moralidad a toda prueba, universal e inmutable, reemplazó las máscaras de la ilusión con una responsabilidad total por uno mismo: la afirmación nihilista de que el yo reside *en* y *para* sí mismo.

Al celebrar el engrandecimiento individual de nuestros yoes autónomos —en términos deudores del darwinismo—, Nietzsche fundó su filosofía en la noción de que la mejor expresión de nuestra naturaleza biológica se encuentra en una responsabilidad personal para superar la debilidad, tanto física como moral. O sea, que podemos perfeccionarnos mediante el ejercicio de la voluntad: una filosofía que glorifica al hombre y su pleno desarrollo como individuo (dadas las tendencias misóginas de Nietzsche, entiéndase aquí «hombre» como *varón*). Esto enlaza el asunto moral central con el tema del carácter biológico y sirve para integrar su pensamiento.

Aunque en términos corrientes el yo suele tener una cierta permanencia, una configuración estable implícita, ciertas críticas del siglo XIX desestabilizaron esta idea. Aquí quiero subrayar, de entre las muchas fuentes que dieron luz a la idea de la indeterminación del yo, el advenimiento del pensamiento evolutivo en biología. Influyó mucho en el pensamiento de Nietzsche al respecto, y reorientó el consenso intelectual general sobre la naturaleza de los organismos, incluidos los humanos. El ciego materialismo de la evolución darwiniana puso el orden divino contra las cuerdas de la contingencia y el azar, destruyendo la presunción teológica de un orden predestinado en el universo. Adiós a la razón de nuestra existencia como especie. Ausente la teología, ¿qué propósito podría tener nuestro ser, el ser *humano?* Si todo es accidental, somos en lo fundamental un producto del ciego azar. En este contexto se tambaleó el yo puntual, producto de una visión del mundo donde el cosmos estaba hecho de entidades estables. El cambio es la esencia, los entes están en un perpetuo fluir, esencialmente transitorio y elusivo.

Nietzsche era particularmente sensible a las consecuencias de esta intuición darwiniana y percibió correctamente las implicaciones metafísicas de una teoría de la evolución radicalmente materialista. Hoy las nociones de cambio, progreso e idealidad están marcadas en la conciencia occidental de manera indeleble, pero en el siglo XIX esta construcción metafísica estaba teñida por un sentido distinto del orden. El darwinismo rechazó de una vez por todas la noción aristotélica de esencia, la idea de que todo tiene un núcleo de identidad inmutable. Si *todo* está evolucionando, ¿qué permanece de manera esencial o permanente? Nada: hemos tenido que abandonar la tarea de buscar esencias como identidades regulativas. No es que nos encontremos especialmente cómodos con esta nueva concepción —la vieja metafísica continúa profundamente enraizada en nuestra cultura, lengua y filosofía— pero ahí está el desafío, y podemos ver muchas manifestaciones de sus efectos.

Esta metafísica del cambio ha tenido su efecto deconstructivo en la manera implícita de entender nuestra personalidad; aunque la noción del yo sigue tenazmente enraizada entre nosotros, somos conscientes de que preguntarnos por la *esencia* de nuestra personalidad es hacer una pregunta imposible de responder. No podemos apuntar a cierto rasgo o comportamiento y decir: *eso* es el yo *[self]*. La pregunta nos deja perplejos. La identidad solo viene conferida por la evolución continuada de alguna otra manifestación. Miro las fotografías de otras épocas de mi vida —un bebé, en el instituto, en la ceremonia de graduación, con mis hijos— y veo personas muy distintas. Pero todas ellas capturan a una persona a la que se refieren como «Freddy», «Fred», «doctor Tauber», «Papá». Lo que me hace una persona individual no es alguna cualidad o característica esencial, tampoco un nombre, sino la *evolución* continuada de mi identidad, que adopta diferentes significados en distintos contextos con funciones distintas. No se pueden exagerar las consecuencias de esta reorientación respecto del anterior concepto de identidad estática. El carácter esencial del cambio ha afectado profundamente a cómo construimos nuestro mundo y nuestra identidad en él.

El pensamiento de Nietzsche permaneció conectado profundamente con la tradición darwiniana en la que se inspiró. Al mismo tiempo, Nietzsche se mantuvo apegado a la noción del yo autónomo, y es en esta interesante intersección entre la indeterminación y la autonomía donde la influencia de Nietzsche todavía es apreciable. Refleja nuestro propio dilema al unir estas dos ideas opuestas en un incómodo tándem. Nos vemos a nosotros mismos como yoes, pero nos cuesta saber qué significa eso. Así que ahora que entramos más particularmente en la influencia de Nietzsche sobre nuestras nociones de salud y enfermedad, conviene recordar que su compromiso con un yo sigue estando en el núcleo de su idea de organismo, aunque sea un yo de múltiples perspectivas, adaptativo, dinámico y por tanto inaprensible.

En su construcción biológica y moral del yo, Nietzsche se encuentra en una corriente filosófica que puede describirse como la posición moderna más radical. Es el arquitecto central de la «solución centrada en el yo» y nosotros los beneficiarios de su jugada de convertir el problema de la esencia desaparecida en la base misma de la definición del yo. Su argumento comienza con una interpretación del darwinismo que extrapola a todo el cuerpo. Nietzsche concebía el cuerpo como un sistema dinámico surgido de la lucha y la competición internas favorables (pero a menudo inconscientes). Tomó la lucha entre especies, la idea de la evolución darwiniana popular en su tiempo, y la internalizó, aplicando la lucha al organismo individual. Así, para Nietzsche, el cuerpo estaba compuesto de instintos o «impulsos» en conflicto por la hegemonía; los fuertes sobrevivían y, en el combate, los impulsos dominantes continuarían su guerra contra los desafíos que persistieran. Esto, pensó, no solo es una característica fundamental de los procesos orgánicos, sino también lo es de la propia salud del organismo. Así, en la visión de Nietzsche, la salud no es solo la capacidad del cuerpo de superar la resistencia a sus impulsos, sino también su disposición a plantear resistencia.

Así el yo expresa a través del cuerpo su «voluntad de poder». En lugar de ocuparse de la «conciencia» o el «alma» como los metafísicos anteriores, la formulación biológica de Nietzsche era la base de su pensamiento. Para él, la característica primaria y esencial del ser humano es ser consciente del cuerpo. Criticó la moralidad judeocristiana precisamente porque al negar esas religiones la primacía del cuerpo, también negaban nuestra naturaleza biológica esencial. Su propósito fundamental era reducir la exaltación de lo humano al nivel animal y fisiológico de lo orgánico, y explicar filosóficamente el estatus del cuerpo como tal. La «voluntad de poder», o los diversos «impulsos» guiados por voluntades de poder individuales, construyen el ser humano como un cuerpo jerárquico, múltiple e intraorganísmicamente conflictivo.

El desafío que nos legó Nietzsche no es que el yo sea contingente, sino que es inaprensible. Defendió que ninguna «norma» define la identidad, que el yo se *define a sí mismo* en la lucha para realizar algún nebuloso ideal no declarado. No existe lo «normal», pues eso supondría una noción predarwiniana de límites estables y definibles. El yo evoluciona. El yo no es algo dado, sino que vive dinámicamente y dialécticamente, evolucionando con el tiempo en su desarrollo y experiencia. Con sus límites en perpetuo cambio, el yo está constantemente redefiniéndose. La evolución sin un objetivo o dirección, como la historia sin teleología, es una evolución *sui generis*, un *valor* en sí misma. El ser humano avanza hacia el ideal, pero esa idealidad no puede definirse.

Hay mucho a favor de la fórmula de Nietzsche. Resuena tanto con la tradición romántica como con nuestro compromiso político con el individualismo. Pero su filosofía tiene un lado oscuro: el aislamiento del agente moral. El individuo tiene éxito solo en la medida en que afirma su autonomía: una ética basada en la consideración del otro queda fuera de lugar. Este desprecio nietzscheano de los otros es quizá la mejor ilustración de los problemas que acechan a una ética basada en la autonomía. En su preocupación por el yo autocontenido, la ética positiva de responsabilidad y autorrealización puede desembocar facilmente en «egoismo», «autocracia» y un narcisismo absorbente. Cuando se pervierte así, la energía se convierte en el poder como dominación. El debate entre Nietzsche como médico cultural y Nietzsche como protofascista sigue en pie. Soy sensible a las consecuencias políticas de su pensamiento y a lo mucho que benefició a los racistas nazis su retrato de la humanidad. Al margen de su propio rechazo del racismo, la filosofía de Nietzsche ha estado al servicio de las peores formas de ideología política, desde el extremo del fascismo alemán al pensamiento libertario norteamericano. Pero no necesitamos continuar por ese camino. Baste decir aquí que la filosofía de Nietzsche puede fallar en el problema de las relaciones humanas.

¿Por qué no puede Nietzsche dar cuenta del otro, establecer las bases de una *relación,* de un yo *con* otro? Cuando diseccionamos su pensamiento aparecen dos elementos clave. La solución «centrada en el yo» tiene un doble significado: primero se afirma el *yo* (aunque sea con cierto carácter huidizo e inaprensible), pero a continuación el yo queda en cierto sentido cautivo de sí mismo. La filosofía nietzscheana del yo falla como base de una ética completa porque evita la *intersubjetividad;* no se da cuenta de que una vez el yo se afirma, el encuentro ético está constituido por su relación con los otros. Nietzsche solo nos lleva a mitad de camino.

Ella era preciosa. Joven y llena de vitalidad, su pelo castaño rojizo proyectaba la luz del sol en un halo sobre sus ojos azul claro. La re-

conocí en cuanto se acercó. La había visto en ginecología la semana anterior. Embarazo de cuatro meses, soltera y sola. De hecho, ni siquiera sabía quién era el padre.

Promiscua y aparentemente despreocupada, no tenía dudas sobre su propia voluptuosidad. Sus pechos y su manera de caminar llamaban la atención de hombres y mujeres por igual. Me sentí incómodo cuando me reconoció. Cruzó la calle y me saludó con soltura.

—¡Hola! ¿Te acuerdas de mí?

—Claro. ¿Qué tal te va?

—Bien. Sin problemas. Oye, ¿tienes tiempo para tomar un café? Vivo solo a unas manzanas de aquí.

—Ehh... me gustaría, pero tengo cosas que hacer. Ya sabes, estudiar medicina lleva mucho tiempo.

—Venga —sonrió—, merecerá la pena. Me gustas... mucho.

Sentí cómo me ruborizaba, atrapado en el tirón gravitacional de su belleza.

—Gracias, pero tengo que irme —pausa—. De verdad —otra pausa—. No olvides tomar el hierro —nos separamos y no quise mirar atrás.

Después de todos estos años, todavía me sorprendo pensando en ella.

Cambios, ajustes y mejoras son las respuestas de la vida a los desafíos, externos e internos. Lo ideal, lo posible, lo potencial han sustituido a nuestro sentido de la finitud de un mundo limitado. En este cosmos incierto emerge el yo, y su propio sentido se pliega y repliega dentro de límites huidizos. En este sentido, Nietzsche es el autor del hombre postmoderno. Nuestros límites cambiantes nos ponen incómodos. Buscamos la definición en una tradición moderna, como lo hizo Nietzsche. Los eruditos discuten si fue el último moderno o el primer postmoderno, el culmen de una tradición o el comienzo de otra. Es las dos cosas, como nosotros. La lucha por la libertad como autoengrandecimiento pertenece al Nietzsche moderno, cuyos ideales aún permiten la autonomía y la autorrealización; aunque esta identidad sea huidiza, aún parece representar un ideal alcanzable. Pero nos quedamos sin una construcción firme con la que estructurar ese proyecto.

Con todo, estudiar sus tesis es útil por todo lo que resuena en nuestra psique colectiva sobre lo que supone ser humano. La historia y cultura actual de Norteamérica celebran el individuo que aspira a alcanzar su potencial pleno, ya sea medido en estatus social, riqueza financiera o cualquier otra realización. Tal vez más que ningún otro autor, Nietzsche capturó la primacía de nuestra lucha como individuos autónomos para perseguir nuestros propios objetivos. Para hacerlo debemos actuar como un yo. Pero, al mismo tiempo, también demostró la provisionalidad de nuestros yoes. No solo podemos *aspirar* a cambiar, sino que cambiamos, evolucionamos personalmente, lo queramos o no. Este tema de la definición del yo es su legado para nuestro mundo postmoderno, donde el desafío de una identidad en perpetuo cambio, dependiente de valores culturales y condicionantes históricos, deja al sujeto indefinido en tanto que agente ético. Más allá de nuestros deseos, ¿qué nos guía en los intentos de vivir moralmente?

Desde el ciudadano políticamente autónomo de Locke al agente moral autocontenido de Nietzsche, el desafío con el que nos encontramos es cómo resituar ese individuo en el mundo social, donde el encuentro constituye nuestro mismo ser. Mi estrategia general pasa por construir un andamio entre el *yo* y el *otro* sobre el cual edificar la ética: allí el *yo* figura como un extremo de un segmento imaginario, y el *otro* como el extremo opuesto. Están relacionados por este puente, pero en un sentido más profundo, por tomar una imagen de la física, solo pueden existir como un dipolo: para tener uno tienes que tener el otro. Así, lo que a primera vista parecen dos elementos distintos los voy a construir como un dipolo, como una totalidad única: el yo y el otro solo pueden o deben existir enlazados. ¿Cómo? Responderé argumentando que el *otro* posee un rol constitutivo en la definición del *yo*. Esto tiene que ver con nuestro proyecto de diseñar una ética que responda a la estructura relacional de la medicina. Pronto iremos a otro lugar en busca de ayuda, pero antes permítanme tomar otro elemento crítico del pensamiento de Nietzsche.

La salud como un ideal

La filosofía de Nietzsche es interesante por sí misma, como mínimo por lo que supone en desarrollo de la noción de yo respecto de la posición de Locke. Pero tenemos otros intereses, relacionados directamente con nuestra investigación sobre la ética médica. Nietzsche nos ofreció una aplicación específica de su filosofía a los temas de salud y enfermedad, y es aquí que debemos cavar un poco más hondo para colocar unos cimientos más firmes en nuestra propia plataforma. Habiendo considerado la filosofía corporal de Nietzsche, podemos pasar ahora a sus conceptos de salud, que, puestos al servicio de su nueva moralidad, llegaron a dominar su visión del mundo. Para leer a Nietzsche no hace falta extrapolar su pensamiento al entorno médico, pues su filosofía está claramente informada por su propia experiencia clínica como paciente. Al leer sus escritos uno se sorprende con su exquisita descripción de lo que significa estar enfermo y cómo es posible curarse. Al cabo, pocos filósofos modernos ha habido tan preocupados por su cuerpo. Para Nietzsche, marcado por el sufrimiento causado por patologías médicas y dolencias psicosomáticas, la salud y la enfermedad dominaban gran parte de su existencia cotidiana, convirtiéndose en asuntos de alto interés personal. Este hecho biográfico puede ser relevante para las muchas «explicaciones» psicohistóricas que se han hecho de su filosofía, pero lo traigo a colación aquí en relación con su construcción del yo como algo mudable y huidizo, y con las implicaciones de esa intuición.

Aunque Nietzsche cambió de postura a lo largo de su vida, el concepto de «salud» recibe una interpretación consistente. Lo podemos caracterizar del siguiente modo: 1) La vida se define por la lucha y disarmonía en todos los niveles; la capacidad de armonizar y crear orden del caos es una medida de poder individual; 2) sin una verdad absoluta, Dios, y sin mal o bien absolutos, lo mejor que uno puede hacer es vivir bien, persiguiendo los valores que le conduzcan a una vida autocreadora y poderosa; las actividades resultantes pueden variar desde la creación estética a la conquista militar en el nombre de esos valores; 3) como la autocreación supone una constante redefinición en un entorno cambiante, uno debe administrarse a sí mismo resistencias que poder superar. La incapacidad de montar tal resistencia es señal de un carácter enfermizo; la incapacidad de superar la resistencia indica enfermedad; y la capacidad de montar y superar esa resistencia representa salud, la gran salud; 4) como cada individuo es el resultado de una historia de luchas única y contingente, y como la grandeza puede lograrse de muchas maneras, los tipos de grandeza individual no tienen por qué ser iguales; por lo tanto, no hay una única norma de salud estática, sino que su única constante es el nivel de poder empleado por los individuos con éxito; 5) la salud del cuerpo y la salud de la mente no solo están relacionadas fisiológicamente, sino que operan de acuerdo a principios paralelos de resistencia, lucha y superación creativa. Por lo tanto, el gran pensador está sano cuando puede desafiar sus principios e incorporar anomalías en visiones del mundo nuevas y cada vez más amplias.

Para Nietzsche, entonces, la salud se manifiesta en la búsqueda activa de la «voluntad de poder» que va superando resistencias en un proceso constante de redefinición. Salud es la voluntad de buscar resistencias y superarlas; es una medida de la voluntad de poder, si es que tal medida existe. La voluntad es el yo activo, no reactivo. En esta formulación, la salud como reflejo de la vida del individuo muestra a Nietzsche como un médico de almas antinihilista, como un médico de la cultura. La ética que prescribe se convierte en un esfuerzo centrado en sacudir la inercia de nuestras vidas, en una autocrítica constante que dirige su energía a un ideal que se define a sí mismo. En este sentido, el pensamiento de Nietzsche está completamente impregnado por una metafísica evolutiva. El cambio es la esencia, pero debe embridarse con una meta que se satisfaga a sí misma. La ética no está solo basada en la asunción de que el cambio es un componente esencial de nuestra naturaleza, sino que se transfigura en un impulso hacia el autoperfeccionamiento.

A pesar de lo disperso de los escritos de Nietzsche, su estilo aforístico y sus hipérboles poéticas, su pensamiento está definido por una cierta dirección o coherencia de propósito. Intentó convertirse en médico de almas, ofreciendo los medios para conseguir una transvaloración de los valores, un *ethos* de crecimiento y autorrealización. Su elucidación de la exuberancia de la voluntad de poder se enraíza firmemente en una caracterización de lo orgánico guiada por un ideal psicológico normativo al que *aspirar*. Y por encima de toda la tarea está la autonomía del individuo, un fortalecimiento del proyecto lockeano por vías que el inglés nunca hubiera reconocido. Vivimos con las fuerzas y las debilidades de esa formulación.

Nietzsche se curó de su propio nihilismo negativo mediante la afirmación del autoperfeccionamiento continuo y la autosuperación creativa; la suya era una filosofía de la idealidad y la responsabilidad por uno mismo. La enfermedad se convirtió en una metáfora de nuestro tiempo, una extrapolación cultural de nuestra naturaleza biológica; la salud, por su parte, es una metáfora de la respuesta ética. Así, el filósofo como médico de almas y de la cultura desafía los principios prevalecientes forzando a la sociedad y sus individuos a reconocer e incorporar las anomalías en su propia *Weltanschauung*.

Esta formulación sirve a Nietzsche como concepto fundamental de la salud, y resuena con nuestra experiencia cultural de la enfermedad. Sospecho que muchas de nuestras nociones habituales de salud reflejan ese compromiso con la responsabilidad por uno mismo —las luchas que mantenemos con nosotros mismos para alcanzar la salud—, así como el poderoso estigma que asociamos con la enfermedad y la invalidez. Susan Sontag, en *La enfermedad y sus metáforas*, describe cómo la tuberculosis en el siglo XIX y el cáncer en nuestro tiempo han sido considerados casi universalmente como depredadores malvados e invencibles, no como simples azares orgánicos; la enfermedad se convierte en una metáfora de las almas corruptas y sirve como reflejo íntimo de nuestras debilidades e imperfecciones morales:

> La enfermedad es la voluntad que habla por el cuerpo, un lenguaje que escenifica lo mental: una forma de expresión personal. [...] La enfermedad revela deseos que el paciente probablemente ignoraba. Enfermedad y pacientes se vuelven enigmas descifrables. Y las pasiones ocultas son ahora las causas de la enfermedad.

Más en profundidad, la enfermedad sirve a menudo como metáfora de nuestras predilecciones morales. Con el cáncer la naturaleza se venga de los contaminantes ambientales, el precio de nuestra decadente sociedad tecnológica; con el SIDA, dicen algunos, la naturaleza castiga ciertas prácticas sexuales.

Así que al seguir la estrecha conexión que tendemos a hacer entre enfermedad y debilidad personal, lo que percibimos es la naturaleza punitiva de la enfermedad: a menudo sentimos que la enfermedad es el castigo por nuestras fechorías. Esta actitud queda ilustrada ampliamente por las reacciones típicas a pacientes con SIDA. La imagen de una plaga se difundió rápidamente junto con el VIH, y como hizo notar Sontag en *El sida y sus metáforas*, las plagas siempre se interpretan como juicios sobre la sociedad.

La confusión básica de ver la enfermedad como metáfora de la corrupción de nuestro propio yo reside en el concepto de identidad, en particular en cómo se identifica la persona y su enfermedad. Si no distinguimos entre paciente y enfermedad y pasamos a evaluar la moralidad de la comunidad homosexual, entonces es muy fácil confundir las cosas. Así lo cuenta Max Navarre en *Fighting the Victim Label*:

> En tanto que persona con SIDA, puedo dar testimonio de mi constante sensación de empequeñecimiento cada vez que tengo que verme y oír hablar de mí como una víctima de SIDA, como un afectado por el SIDA, como un caso de SIDA… como cualquier cosa menos lo que soy: una persona con SIDA. Soy una persona con una enfermedad. No soy esa enfermedad.

Si, por otro lado, reconocemos que la persona y la enfermedad son categorías separadas, no las confundiremos ni condenaremos o castigaremos moralmente a la persona que ha enfermado.

Las enfermedades de transmisión sexual han sido herramientas tradicionales de estigmatización, en las que la identificación y el castigo de un grupo transgresor sirven para desterrar fuera de la cultura a los afectados por la enfermedad. Al margen de lo grotesco de esta comparación, nuestra experiencia reciente con el SIDA vuelve a mostrar que la experiencia de la enfermedad depende de una ecuación primitiva: la enfermedad usada metafóricamente como una ventana sobre la persona y su situación moral. Las particularidades del SIDA nos ofrecen una vívida ilustración del caso extremo, ejemplificando nuestra orientación general hacia la enfermedad, y haciéndonos comprender mejor la experiencia de la enfermedad como una manifestación fundamental del fracaso personal. Esta actitud fue bien articulada por Nietzsche, que encontró en la dimensión moral de estar enfermo una marca de debilidad, el signo de una voluntad empobrecida.

El yo autónomo, entonces, al servir como vehículo para la responsabilidad, asume tanto una capacidad positiva en términos de derechos políticos como una negativa, en términos de autodesprecio peyorativo al concebir la enfermedad como un juicio moral. Esto último es, por supuesto, un sentimiento bien antiguo. Recordemos qué le dice Jesús al paralítico mientras le cura: “Hijo, tus pecados te son perdonados” (Mc 2, 5). El paralítico es recompensado tras declarar su fe; no se dice, pero se entiende de manera implícita que la dolencia estaba causada por los pecados. Esta extendida idea de la enfermedad como estigma trae consigo dos mensajes morales muy diferentes, dependiendo de cómo concibamos al individuo, en una moralidad basada en la autonomía o en una basada en la comunidad. En la primera, el énfasis se pone en la responsabilidad personal sobre la curación, porque los sistemas morales basados en la autonomía enfatizan la libertad de elección y acción, y la responsabilidad consiguiente. Por otro lado, en una ética que enfatice el carácter comunal del individuo, el foco pasa a la reciprocidad en el cuidado. El cuerpo político debe cooperar como un todo para recuperar al paciente. Curar es cuidar; es la comunidad, en lugar del individuo, quien asume esa responsabilidad.

Más allá de la protección de derechos individuales, el tema de la autonomía en medicina tiene una dimensión adicional en el aislamiento. La autonomía separa de hecho al individuo y la comunidad; en el contexto creado por la enfermedad, el paciente autónomo queda situado en un complejo continuo que va desde la independencia hasta la soledad. Puede que a algunos les vaya bien con una ética así, pero en mi experiencia ese no es el caso de la mayoría, pues el poder de individuación queda seriamente dañado por la enfermedad. En este sentido, sufrir es estar solo, a la deriva en un mar de confusión, aislado por fuerzas más allá de la propia comprensión y control.

La experiencia más primitiva de la enfermedad es precisamente esta falta de autonomía, del yo. Creo que al paciente no le sirve de mucho esa ética. Debemos buscar en otra parte una alternativa ética para la medicina.

—Doc, necesito hablar con usted.
—Claro, Sr. Jackson, ¿de qué se trata?
—Me da un poco de vergüenza, pero ya sabe... el cáncer de mi mujer, bien...
—Venga, Sr. Jackson, ¿qué pasa?
—Bien, ¿usted cree que Dios castiga los pecados?
—Lo que yo crea no importa... ¿qué piensa usted?
—Yo creo que Dios me está castigando por faltar a la verdad.
—¿A quién?
—He sido infiel a mi mujer.
—¿Pero qué dice?
—Pues que he estado con otra mujer, y ahora Dios me castiga dándole un cáncer a mi Cynthia.

Hablamos sobre su sensación de culpa, pero la teología del Sr. Jackson era tan diferente de la mía que no pude liberarle de su carga. La discusión terminó con estas palabras: "Gracias, Doc, pero todo lo que puedo hacer ahora es rezar para que Dios me perdone. Seré bueno y tal vez Cynthia se recupere."

Pero yo sabía la respuesta que el Sr. Jackson iba a recibir de su Dios. A los 34 años, Cynthia tenía un carcinoma ovárico metastático. Ese mismo año dejaría sin madre a dos hijos pequeños.

3

La caída de la autonomía

La reacción romántica y sus secuelas

Tenía como 30 años y una calvicie incipiente, complexión pálida y bonachona, sin signos de malestar. Sentado plácidamente en la camilla, en calzoncillos, su ropa sucia sobre los zapatos embarrados en el suelo, había dicho a la enfermera que quería que le mirasen una erupción. Me senté a su lado. Mirando a la hoja de ingreso en la clínica, vi que no figuraba su domicilio.

—¿Dónde vive, Sr. Anderson?

—Una chabola, rodeada de maleza. Pero llamar al emplazamiento una chabola es dar demasiado empaque a sus débiles postes y al collage *de cartón, lienzo y retales que constituyen sus muros y techado. Se asienta contra los pilares de la autopista y queda parcialmente protegida y progresivamente camuflada por un seto de arbustos y brotes. La chabola tiene sus virtudes estéticas, con una cuidadosa combinación de azul beduino, lila, ámbar y rosáceo entre los habituales grises y pardos. Me gusta bastante.*

Le miré sin saber qué decir, y finalmente conseguí preguntarle a qué se dedicaba.

—Toco el tamboril.
—¡¿Qué?!
—¡Tam! ¡Tamarindo, tamariz, tarambana, tambor, tampón, tamboril!

Decidí ignorar el exabrupto y observé con calma:

—Está un poco delgado. ¿Ha comido últimamente?
—Comida... déjame pensar... ah, ida. ¡Si yo fuera un bustrófedon!

Partiéndose de risa, recitó rápidamente una cantinela infantil. Se levantó y volvió a tumbar sobre la camilla, bajándose lentamente la parte frontal de sus calzoncillos; supuse que quería mostrarme su erupción. Allí, donde se suponía que debían estar sus genitales, había un pequeño muñón.

—Me los corté... hace tres años.

Me quedé atónito. Con una sonrisa desvaída se dio la vuelta para enseñarme la ardiente llaga entre sus nalgas, cubierta de heces secas.

—Quédese ahí mientras voy a por una pomada.

Salí a toda prisa de la sala.

Mucho antes de Nietzsche, pensar nuestro yo como algo fijo y «puntual» inició una gran metamorfosis en nuestro sentido de la identidad personal. Esta transición se remonta a la época romántica, cuando varias fuerzas históricas y culturales convergieron para celebrar el yo de un modo nuevo. En muchos aspectos, nuestra concepción moderna de lo humano se estableció en ese período al final del siglo XVIII. Cuando Johann Wolfgang von Goethe (1749-1832) dejó Weimar para viajar por Italia y Samuel Taylor Coleridge (1772-1834) caminó con su amigo William Wordsworth (1770-1850) por las colinas de Inglaterra, sus búsquedas poéticas eran más que excursiones estéticas. Buscaban redefinirse a sí mismos en el contexto más amplio de su entorno natural. Las raíces del ecologismo moderno surgen en esta época, cuando la urgencia de proteger a la naturaleza se guía por el sentimiento de que nuestro yo verdadero ha de situarse allí. Desde este punto de vista, la ciudad es una fuente de corrupción, y debemos comunicarnos con la naturaleza para recuperar nuestro mejor yo. Esta proyección del cosmos en nuestra psique individual es una noción básica del romanticismo, y representa el destronamiento de la racionalidad dominante por una participación más completa en el mundo. Para lograr esa integración, los límites del yo deben soltarse y finalmente desatarse del todo.

La psique expresiva romántica se expandía de manera plástica sobre los contornos de la naturaleza, en un proceso reflexivo de despertar ante sus maravillas. De manera deliberada y consciente, los hombres y mujeres de ese tiempo intentaron remodelar sus identidades explorando la naturaleza, tanto humana como no humana, para reestablecer los límites de sus almas. Buscaban intuiciones extáticas y placer estético. Su espiritualidad se movía más allá de una estrecha conciencia teísta hacia un panteísmo que abrazase el rango entero de la experiencia humana. La racionalidad no iba a restringir sus andanzas, ni tampoco lo harían las nociones convencionales del éxito social. Estos caminantes románticos se lanzaron más allá del ideal racional ilustrado, en pos de nuevas personalidades regidas por la primacía de la subjetividad y la plenitud emocional.

El elemento clave del viaje romántico era un yo que no estaba restringido rígidamente ni a las convenciones sociales ni a una racionalidad particular. El yo expresivo, disperso y fluido, se deleita en el esplendor del mundo y de esa manera enriquece su propia experiencia. La plenitud no se encontraba en conservar la identidad propia, sino en expandirla. No es casualidad que Coleridge tomase opiáceos para alterar su conciencia y buscase como Dédalo alcanzar el sol. El yo, que ya no estaba fijado, establecido o estructurado, era ahora un *proceso* orgánico de experiencia. Al liberar la naturaleza autocontenida (y autosuficiente) de la personalidad, el yo romántico quedó definido en buena parte por su objeto. Ese objeto podría ser el mundo exterior o alguna realidad interna. La relación se convirtió en el precepto clave, pues cuando estamos en diálogo, comunión o éxtasis, el yo que lo experimenta está absorbiendo y respondiendo al mismo tiempo. En el proceso de la experiencia, esa palabra clave del romanticismo, la misma idea de una identidad establecida, fija e inmutable (y por lo tanto, incapaz de respuesta), se vuelve anatema. La regla cardinal es la propia reflexión del yo, que se experimenta en un proceso recursivo sin fin a sí mismo y a su mundo, y al otro y su experiencia. La *relación* sustituye a la entidad.

En filosofía, los poetas románticos tuvieron su contrapartida en Georg Wilhelm Friedrich Hegel (1770-1831) y en quienes reaccionaron a él, con Karl Marx (1818-1883) y Søren Kierkegaard (1813-1855) como los más destacados. Hegel hizo del pensamiento dialéctico el eje de su filosofía. La estructura básica de su pensamiento está en que tras el encuentro de dos fuerzas o entidades ocurre una síntesis o integración que da lugar a otra fuerza o entidad, distinta de las dos anteriores. Este producto sintético pasa a tener sus propios encuentros y así, de manera inacabable, el mundo evoluciona por medio de estos procesos dialécticos. La dialéctica puede entenderse como la combinación simple de dos elementos, como por ejemplo hidrógeno y oxígeno, para formar una nueva sustancia, agua. Otro ejemplo es el de dos empresas que se fusionan para formar una nueva corporación que pasa a emprender nuevas tareas. Hegel aplicó este concepto básico a la historia, la cultura y el yo. Desde este punto de vista, el sujeto se relaciona solo con lo que construye o confronta. En ese encuentro la realización del yo está determinada por una dualidad compleja: el mundo encontrado es un elemento de la síntesis, y el otro la propia autoconciencia de la persona. Así el yo depende íntimamente de su relación con el «otro», ya sea Dios, la naturaleza, la cultura, la historia u otros yoes. La otredad se convierte en constitutiva del yo, algo muy distinto de lo que pasaba con Kant, para quien el yo retenía su individualidad y autonomía.

La alteridad, ese término filosófico para decir «otredad», gira en torno a cómo, en respuesta a un encuentro, el yo se articula o se altera como consecuencia de su relación mutua. ¿Cómo puede el yo en relación alterar su objeto y el mundo que comparten? ¿Cómo puede el yo vivir en su mundo a la vez que en un universo de otros yoes? El yo en soledad queda aislado y alienado, o de lo contrario se relaciona con el mundo, realizándose en él. Esa fue la base de la teoría económica de Marx acerca del trabajo alienado y de la filosofía de la religión de Kierkegaard, en la que la autenticidad del yo reside en el diálogo con lo divino y en su capacidad de respuesta ante su llamada. Cuando la estructura dialéctica de la filosofía de Hegel adoptó nuevas direcciones, se interpretó bajo una luz nueva la *relación*, ya fuese con el trabajo (Marx) o con Dios (Kierkegaard). Apenas puede exagerarse la importancia de la aplicación continuada de esta construcción a la filosofía moral, política y de la religión.

Al aplicarse al tema de la personalidad este constructo relacional, el énfasis se pone en cómo todo potencial para el autoengrandecimiento debe realizarse *en* el mundo; que en último término el yo debe realizarse en el encuentro con el otro. El otro incluye el yo: he aquí el misterio esencial de nuestra noción de personalidad. Esta conclusión surge de una formulación radical que aún está por establecerse del todo en nuestra cultura general: somos conscientes de que nuestra personalidad surge de nuestro propio pensar que somos un yo, pero hay un problema crítico: *el yo se disuelve*. Quedamos atrapados en una reflexión recursiva en la que el yo ya no reside como una entidad circunscrita y autocontenida, «puntual» o de otra manera. El yo ha quedado inmerso en el mundo, y cuando uno intenta aislar ese sujeto experiencial reflexionando sobre su experiencia, perdemos nuestra propia subjetividad y la sustituimos por una objetividad ajena que es fundamentalmente incapaz de capturar lo que intuitivamente sentimos como nuestra propia identidad, el yo experiencial. En pocas palabras: en cuanto buscamos identificar nuestra personalidad, se nos desliza de entre los dedos.

Y desde el punto de vista de la filosofía moral la alteridad asume otra dimensión. Tradicionalmente, el concepto de otredad enfatizaba nuestra responsabilidad respecto de otros en una comunidad gobernada por una ley moral dada. Por supuesto, cuando esas comunidades están basadas en un código moral inspirado divinamente tenemos el ejemplo de la reacción romántica del siglo XIX, que afirmó la primacía del yo expresivo, la voluntad propia y la esencialidad ética del agente moral autónomo. De muchas maneras, la declaración del yo, del espíritu libre, del individuo realizador que caracterizó la época de Byron, Keats y Shelley, sigue siendo la fuente de nuestro interés por la autonomía en sentido expresivo. Pero el interés romántico por la independencia psicológica del individuo también heredó la tradición ilustrada de relegar la libertad y responsabilidad propias a un agente ético autogobernado. En pocas palabras, tenemos al yo sometido a dos tendencias en conflicto: una hacia la independencia y otra hacia la responsabilidad; una basada en la autonomía y la otra en la relación. Con la declaración de Nietzsche de que «Dios ha muerto» asistimos a la reapropiación última de nuestros actos, como individuos privados y como ciudadanos públicos. Este giro crucial fue el precedente de un ser ético autónomo y *autodefinido*. En el zig-zag del discurso filosófico, la naturaleza autorreferencial del yo nietzscheano fue una deuda contraída con los románticos.

En la década de 1880, mientras Nietzsche escribía sus grandes obras, William James (1842-1910) también luchaba con el asunto de la personalidad: más precisamente, con la elusiva naturaleza de tal entidad. James tenía una personalidad muy compleja. Formado como fisiólogo, y tras superar una depresión que le mantuvo postrado, comenzó a estudiar psicología y de ahí pasó a la filosofía. Se convirtió en nuestro primer filósofo *fin de siècle*, no solo por popularizar el pragmatismo, el buque insignia filosófico de la cultura norteamericana, sino también por representar una mentalidad y una identidad personal afines a su tiempo y al nuestro. Muy influido por Ralph Waldo Emerson (1803-1882) y el trascendentalismo, esa expresión del romanticismo tan particular de Nueva Inglaterra, James ejemplificó al intelectual de la autoconciencia de los límites de la racionalidad y de la legitimidad de la subjetividad.

Como psicólogo y filósofo de la mente, James estaba preocupado por la cuestión de la identidad personal, explorando la naturaleza de la conciencia (que sigue hoy siendo un caballo de batalla de la filosofía contemporánea). Al tratar la conciencia en *The Principles of Psychology*, James articuló claramente el carácter huidizo de la mente, y por lo tanto del yo: «La conciencia no es una de las *cosas experimentadas* en cada momento; este conocimiento no se *conoce* inmediatamente. Se conoce solo mediante la reflexión posterior». De acuerdo con James, la conciencia solo puede concebirse como un proceso en cuyo intento de objetivar la experiencia, de compartirla y hacerla pública, la conciencia se transforma en otra cosa. La reflexión sobre nuestro pensamiento, nuestra percepción o nuestros sentimientos, es inevitablemente distinta de la fuente de ese proceso al que nos gusta referirnos como nuestro yo interno o primordial. Ese acto de reconocimiento es en sí una función de nuestra autoconciencia, y al examinar nuestra conciencia o nuestros actos, se genera un flujo continuo de nueva experiencia que debe ser examinada a su vez. El acto de la introspección se vuelve así perpetua e irrevocablemente incompleto en su intento de capturar la experiencia primaria. La reflexión es en sí misma un pensamiento, y entonces comienza la espiral recursiva y sin fin. James llegó a una intuición profunda: el yo (y a estas alturas espero que hayamos renunciado a concretar de cualquier manera esta metáfora) es verdaderamente inconsciente de sí mismo al actuar. *Somos* en nuestras acciones, y la consideración de esa conducta solo puede relegarse a esa misma categoría: formas mentales de personas actuando en el mundo.

La inaprensibilidad psicológica de la personalidad provoca una perplejidad seductora. No hay una definición del yo disponible fuera de contextos específicos, que sea independiente de lenguajes particulares y entornos sociales o físicos. Por ejemplo, los yoes en tanto que ciudadanos tienen ciertos derechos y obligaciones definidos por la ley; en tanto que jugadores de baloncesto, hombres y mujeres se definen por su actividad y por las reglas de juego; los soldados se definen por sus grados y deberes castrenses; los pacientes se definen por sus patologías e informes médicos. Así que cuando hablamos del yo, en realidad nos estamos refiriendo solo a una construcción comúnmente aceptada, formada a partir de las contingencias de un tiempo y lugar concretos. El yo se ha convertido en un vehículo conveniente para hablar sobre diversos roles sociales. Cuando lo extendemos a toda nuestra personalidad, el concepto se vuelve un galimatías.

El postmodernismo y el yo

Me he investigado a mí mismo. (Heráclito, fragmento 101)

Podemos retomar nuestra discusión sobre la identidad del yo bajo la rúbrica del «postmodernismo». El historiador británico Arnold

Toynbee utilizó el término para significar el final de una época marcada por la dominación occidental. En este sentido, el postmodernismo o la postmodernidad sería la última fase de la historia occidental, una era supuestamente marcada por el irracionalismo, la ansiedad y las esperanzas perdidas. Notoriamente difícil de definir, el postmodernismo ha asumido muchas otras connotaciones en su aplicación al arte, la literatura, el cine, la arquitectura, la teoría política, la filosofía, la psicología, la sociología, la ciencia y la religión. Aquí nos interesa la comprensión general del yo desde este punto de vista. Lo esbozaré brevemente.

En muchos aspectos, el postmodernismo puede entenderse como una continuación de la reacción romántica a la Ilustración. Todavía hemos de completar la deconstrucción del yo que comenzó a principios del siglo XIX. Los románticos no tenían intención de eliminar el concepto de identidad personal; pero al poner en marcha su expansión, el concepto comenzó a difuminar sus límites. Finalmente la cuestión misma de una entidad que podríamos designar como «el yo» se volvió muy problemática. Las expresiones literarias, artísticas y filosóficas posteriores a la 2.ª Guerra Mundial se centraron en extender lógicamente el problema, caracterizado a menudo como el problema de la indeterminación del yo. Uso «indeterminación» en el sentido que habitualmente se emplea en la crítica literaria para decir que los textos no tienen una única interpretación correcta, y no solo porque los lectores puedan entenderlos de manera diversa, sino por algo más profundo, porque el lenguaje mismo no tiene una referencia restringida. Como no hay un punto fijo fuera o dentro del texto, proliferan los significados, que van cambiando con el punto de vista y el tiempo, de manera que el significado del texto como un todo queda indeterminado. Aplicada a nuestra consideración del yo, la indeterminación proporciona una perspectiva revolucionaria.

Creo que estas críticas deconstructivas resuenan profundamente en el problema de la identidad. En particular, me refiero a la centralidad del yo en relación con el otro como una expresión radical del postestructuralismo, un carácter peculiar del pensamiento postmoderno. El estructuralismo entiende el significado como una función de las relaciones entre los componentes de cualquier formación cultural, o de nuestra propia conciencia. Por ejemplo, las imágenes del mundo mental toman significado, valor y sentido a partir de sus relaciones: de su *lugar* en una estructura. Pero los postestructuralistas sostuvieron en general que toda estructura se viene abajo al reconocer que ninguna parte puede asumir su participación fuera de la relación con otras partes. En otras palabras, en la estructura no hay un centro, un principio organizador privilegiado que pudiera dominar su ámbito estructural. Desde esta perspectiva, no hay nada natural en las estructuras culturales (el lenguaje, los sistemas de parentesco, las jerarquías sociales y económicas, las normas sexuales, las creencias religiosas), no hay un significado trascendental que limite los «sentidos» y solo el poder explica la hegemonía de una posición sobre la otra. De manera similar, el yo puede considerarse como algo construido desde criterios arbitrarios, de manera que no tiene un hábitat natural que ocupar. Este escenario desafía radicalmente la insistencia en la dependencia del yo sobre el otro: no solo la autonomía del yo ha perdido su sentido, sino que *cualquier* construcción del yo se concibe como arbitraria.

El elemento común con la visión postmodernista de la identidad es que el yo, como el resto del mundo, no tiene un punto de referencia, no hay más remedio que verlo como algo que se ha disuelto en el aire. Como dijo C. S. Lewis (1898-1963), «el Sujeto está tan vacío como el Objeto». Cuando el sujeto está «descentrado», ya no es un origen o una fuente, se convierte en un mero resultado o producto contingente de múltiples fuerzas sociales y psicológicas. Desde este punto de vista, la unidad del yo es como mucho un constructo engañoso. Su autenticidad ha sido completamente puesta en cuestión. En pocas palabras, el yo debería concebirse más bien como una contingencia, como un esquema interpretativo. Si el yo es una contingencia, no hay ninguna unidad por la cual pueda organizarse para confrontar su mundo. La visión postmoderna del yo desmiente la capacidad del sujeto moderno de Kant para determinarse a sí mismo completa e incondicionalmente, así como lo que vayamos a aceptar como pruebas sobre su organización o sobre la naturaleza del mundo. Para bien o para mal, la autodeterminación ha sido sustituida por alguna clase de elección; una construcción basada en las inestables presunciones de la práctica cultural y el azar histórico.

Otro asalto crítico sobre la idea del yo partió de la filosofía de Ludwig Wittgenstein (1889-1951). Puede decirse que, de todos los filósofos analíticos del siglo XX, Wittgenstein se convirtió en el gran árbitro de los límites de la filosofía. Como filósofo del lenguaje, las matemáticas y la lógica, iba a criticar radicalmente esos campos, dejándonos con serias incertidumbres acerca de las bases lógicas sobre las que poder entender el lenguaje ordinario. Nos legó una tradición de análisis que restringe el ámbito de la lógica a la lógica misma, el del conocimiento a la ciencia, y el de la ética a la metafísica, y en cada caso las herramientas analíticas de la filosofía no son de aplicación. Su mensaje es que entramos en terreno inestable en cuanto tratamos de sondear las bases lógicas del lenguaje, y por lo tanto también en cuanto intentamos comprender nuestro propio pensamiento (pues el lenguaje y el pensamiento son inseparables). El papel de la filosofía, entonces, consiste en «enseñar a la mosca cómo salir de la botella» o, en otras palabras, demostrar lo falible de nuestra pretensión de haber terminado con un problema filosófico. Un problema como el yo.

Wittgenstein no se extendió mucho sobre el yo. En sus cuadernos, escritos en las trincheras y campos de prisioneros de la 1.ª Guerra Mundial, anota que el yo es «profundamente misterioso». Desde entonces los eruditos han debatido con vigor la visión de Wittgenstein. Un destilado de la discusión proporciona dos conceptos básicos. Primero, la posición de Wittgenstein es muy solipsista; en un sentido fundamental, solo existe el yo, el mundo existe para el yo, así se alcanza el «conocimiento». Segundo, y como consecuencia de lo anterior, es absurdo intentar definir un yo así, pues no hay un punto de Arquímedes exterior mediante el cual la entidad cognoscitiva pueda examinarse o caracterizarse a sí misma; solo tiene la totalidad de su experiencia: no podemos vernos a nosotros mismos desde fuera. Debido a la falta de coordenadas para discutir estos asuntos, Wittgenstein declinó hablar sobre una construcción metafísica como la del yo. Pero en su filosofía posterior proporcionó un vehículo posible para al menos entender el atractivo que sigue teniendo para nosotros ese constructo. El yo, podría haber dicho Wittgenstein, solo «existe» como parte de un «juego de lenguaje», una convención dentro de la cual posee cierto valor explicativo. Pero definir ese valor es una tarea aparentemente imposible, por vacua. Ni la lógica ni la ciencia pueden establecer las bases para definir el yo, y cualquier intento de hacerlo se hunde en las ambigüedades de otros constructos metafísicos, como el de «la mente». Aunque queramos discutir la conciencia, solo podemos examinar las funciones neurológicas, medir la actividad eléctrica del cerebro, trazar redes neuronales, evaluar transmisores bioquímicos. *Somos*, y eso es lo que hay.

La influencia de James aquí es obvia, y ciertamente Wittgenstein le leyó con atención y respeto. La profundamente perturbadora crítica filosófica de Wittgenstein llevó al extremo lo que a finales del siglo XIX parecía limitarse a una sofisticada descripción psicológica. En manos de Wittgenstein, ese yo tan influyente en la conformación de nuestra filosofía post-analítica, no es que esté descentrado, es que ha desaparecido por completo. Se convierte en un constructo metafísico carente de significado que no puede ser analizado o concretado de ninguna manera. Intentar hacerlo es incurrir en absurdos. Obviamente, hablamos del «yo» todo el tiempo, pero esa es una expresión de nuestro juego de lenguaje, una peculiar conveniencia social que nos permite comunicarnos: pero no tiene base lógica o científica. Como categoría del conocimiento, el yo se ha disuelto, descartado como un residuo de la vieja metafísica.

Este es el extremo radicalismo de un análisis post-filosófico. Más allá del yo como una construcción relacional de un sujeto descentrado definido por construcciones culturales contingentes, *el yo como entidad simplemente no existe*. Si tomamos en serio esta posición, las bases para la ética se disuelven. ¿Quién es el agente moral, cómo se define? ¿Cómo podemos hablar de responsabilidad *si ni siquiera podemos definir al agente moral?* La respuesta nihilista de Wittgenstein es fascinante: sabemos de ética, la moralidad existe mediante nuestras acciones, pero pedir una respuesta filosófica a las preguntas de cómo y por qué supone invocar una racionalidad falsa y engañosa, distorsionada por los prejuicios y apoyada en razonamientos lógicos solo en apariencia. La ética deriva de algo situado más allá de la racionalidad; su fundamento es metafísico. Y, como dijo Wittgenstein, la metafísica no puede analizarse.

En esta posición, el papel de la filosofía en la época post-analítica es discernir qué se presta al análisis filosófico (una tarea eminentemente técnica) y qué no. Si uno es seguidor de Wittgenstein, la filosofía resulta incapaz de responder muchas de sus preguntas tradicionales. Su rol primario es desengañarnos de la pretensión de ser «filosóficos» en el sentido de proporcionar «soluciones» lógicas o analíticas. Las narraciones que trenzamos en torno a temas filosóficos clásicos, como el de la identidad personal, son simples ilusiones, si es que lo que esperamos es una formulación lógica del problema. En la terminología de Wittgenstein, preguntas de este tipo son «sinsentidos» *[nonsense]*, porque carecen de adjudicación final. Por el contrario, una pregunta como «¿Llueve?» requiere una respuesta significativa, como «Sí, llueve» o «No, no llueve». Así que para Wittgenstein solo algunas preguntas eran «significativas», volviéndose hacia la ciencia como modelo de investigación. Los científicos tratan con preguntas significativas porque las respuestas que los investigadores recogen de la naturaleza pueden verificarse por medios objetivos. Pero las discusiones sobre el yo no pueden proporcionar ese conocimiento. En su lugar, hablamos con generalidades que pueden disputarse fácilmente, dependiendo de la perspectiva adoptada o las pruebas que uno decida traer a colación. Aunque las discusiones sobre el yo puedan ser importantes, debemos reconocer su verdadera naturaleza: tal vez sean relevantes en contextos religiosos, literarios, psicoanalíticos, políticos, ideológicos o históricos, pero tales debates no deberían tomarse como algo filosófico o significativo en el sentido de Wittgenstein.

Esta conclusión nos deja en un dilema. Nuestras categorías clave de discusión —en particular, el tema de la ética médica y el yo— quedan en un limbo filosófico. Si adoptamos la perspectiva de Wittgenstein hemos de admitir que el ámbito moral queda en un más allá metafísico, fuera de análisis. La ética puede apoyarse en los razonamientos, en el análisis y en la lógica, pero basándonos en ellos no hay una formulación final. En otras palabras, desde la orientación de Wittgenstein no hay un fundamento *filosófico* —esto es, analítico— para la ética. Y por ello no puede haber una estructura racional o lógica mediante la cual las preguntas morales puedan ser juzgadas como algo «verdadero» o «falso». Esto no quiere decir que no exista el bien y el mal, solo que su determinación se hace dentro del universo moral —que se deriva del discurso social, histórico y religioso—, no desde lo analítico. Para debatir sobre moralidad podemos explorar con provecho las posiciones filosóficas tradicionales, que sin duda proporcionan intuiciones ventajosas, pero quisiera emplear otra estrategia. Admitamos tranquilamente las limitaciones del análisis y procedamos a esbozar una metafísica que nos permita abordar nuestro problema. Hacerlo no supone abandonar el análisis filosófico (después de todo, la metafísica *era* una rama filosófica), sino reconocer sus límites y proceder con otro tipo de análisis. En otras palabras, adoptaré una posición filosófica post-analítica. Y si me dicen que me he dejado llevar por «sinsentidos», replicaré que lo que nos hace falta es una «antifilosofía». Y, como veremos, ya la tenemos.

¿Metafísica?

—El Rabbi Cohen murió ayer.

La voz en el teléfono era la de un médico en Israel que me informaba que mi paciente y amigo Moses Cohen había sucumbido finalmente a su enfermedad. Cohen tenía 35 años y, como yo, una manada de hijos pequeños. Era un político activo, un hombre cuyo carisma y liderazgo le había marcado claramente como estrella ascendente en el firmamento de la política israelí. Había venido a mi consulta cinco años antes. Sentado entre los otros pacientes en la sala de espera, llamaba la atención. Ese traje y esa compostura que parecían de otro mundo le hacían destacar como una anomalía. Llevaba su peculiaridad con ligereza, pero era obvio para todos que al menos él era alguien que sabía quién era, dónde estaba y por qué.

Su enfermedad era fatal y no había terapia que pudiera aminorar su progreso. Las células sanguíneas crecían sin control y surgieron otras complicaciones cuando su vientre se hinchó por una alteración del bazo. Me visitó en busca de una segunda opinión. Los médicos israelíes estaban bien formados, pero un profesor de Harvard podría ofrecerle otras opciones, nuevas esperanzas, mejores posibilidades. Le aseguré que no era así, pero él siguió viniendo.

Al Rabbi Cohen le encantaba hablar y a lo largo de los años nuestras conversaciones pasaron de su enfermedad a las preocupaciones por sus hijos, su esposa o su trabajo. Y entonces, al crecer nuestra intimidad, hablamos de religión, de Dios y del mal. Me enseñó su religión con paciencia y amabilidad, y transmitía un sentido de su fe que no solo despertaba admiración, sino también un deseo de poseer algo tan poderoso como aquello. En esos encuentros se invirtieron nuestros roles y entonces era él quien calmaba mis inquietudes y confusión. Me enamoré de su compasión, inteligencia, nervio y sentido de la bondad. Me animaba cada vez que sabía que iba a venir a Boston.

Sabía que no le iba bien. Mi colega israelí había llamado frecuentemente, pero lo repentino de la noticia me dejó sin palabras.

—Gracias por llamar. Envíe por favor mis condolencias a Esther.

Colgué el teléfono y, bajando la cabeza, lloré. No lo había hecho en años.

Supongo que es evidente que estoy cambiando de registro, del de un médico *[physician]* al de un metafísico *[metaphysician]*. Hay algo más que un juego de palabras aquí. La palabra *metafísica* fue acuñada por Andrónico de Rodas, el editor de Aristóteles, que catalogó esos libros siguiendo a los de la *Física*. Así, los situados al lado de los escritos científicos de Aristóteles pasaron a llamarse simplemente libros «metafísicos». Si hubieran sido colocados antes de la *Física* supongo que ahora tendríamos «profísica» (antes de la física), pero lo que tenemos es metafísica, «después de la física» en griego. Vaya un comienzo para tan venerable disciplina. Pero en cierto sentido la definición es buena, pues la metafísica se asocia generalmente a toda investigación que vaya más allá, por encima o debajo de las preguntas que responde la ciencia. Esto no quiere decir que la metafísica sea intrínsecamente anticientífica: al fin y al cabo, la ciencia también tiene su propia metafísica. La física tiene sus fundamentos metafísicos: los preceptos cardinales sobre la realidad, su orden y cohesión fundamentales, su cognoscibilidad mediante nuestras facultades perceptiva y racional, su armonía y predecibilidad matemáticas, o su ausencia en el mundo de la materia cuántica.

Esos son algunos de los presupuestos metafísicos de la ciencia, y al ser analizados representan profundas asunciones filosóficas sobre el pensamiento y su objeto, la realidad. Los filósofos, sin embargo, suelen dividirse entre aquellos que consideran que nos basta con la metafísica de la ciencia, y aquellos que van más allá del conocimiento científico para aprehender una estructura metafísica del universo que pueda percibirse desde diferentes clases de conocimiento y experiencia. Este último grupo busca principios metafísicos más amplios que los de la epistemología científica. La pregunta de los metafísicos es: ¿Cómo presentar una descripción de la realidad como un todo que sea completa, coherente y consistente? Los científicos bien podrían decir que esa es precisamente su tarea; pero un teólogo podría replicar que al pasar por alto el ámbito de lo divino, que no puede ser aprehendido así, una metafísica basada en el mero conocimiento científico está empobrecida e incompleta. Pero aunque la metafísica no es sinónimo de teología, en su búsqueda de las características más persistentes y universales del cosmos la metafísica se convierte en el estudio de la realidad última, pues trata de la existencia como tal, y en particular de las asunciones empleadas por nuestros sistemas de conocimiento para decir qué es lo real. Según esta definición, la metafísica incluye más o menos a toda la filosofía, o se confunde con ella, como ocurría en la perspectiva de Wittgenstein.

Para aquellos que buscan una resolución final del estatus de la metafísica, al descubrir las limitaciones de su investigación la filosofía se ha vuelto contra sí misma de una manera perturbadora. Creo que es justo decir que es *filosóficamente* imposible alcanzar los objetivos de la investigación metafísica, al menos de acuerdo con la teoría analítica predominante hoy. La purga de lo que Wittgenstein llamó el «sinsentido» de las afirmaciones metafísicas (incluyendo prácticamente todo lo que no fuera ciencia) se remonta como mínimo al comentario de David Hume (1711-1776) en su *Investigación sobre el entendimiento humano* al decir que la metafísica debería ser arrojada «a las llamas, pues solo puede contener sofismas e ilusión». Este modelo de la Ilustración estaba atacando a la religión, a toda clase de superstición y sectarismo, y en tanto que antiteológico, ese combate con el pensamiento metafísico tenía su validez y razón de ser. Lo irónico es que la retirada de la religión tuvo una consecuencia inesperada, pues pronto fue la filosofía misma la que sufrió ese ataque. A partir de Hume, la filosofía se ha limitado en general, no al estudio sistemático de la realidad, sino al de la estructura de nuestro pensamiento *sobre* la realidad.

Pero el impulso metafísico aún sobrevive, y la filosofía del siglo XX parece inmersa en una batalla interminable para librarse de sus propias tendencias a la metafísica. No han faltado llamadas a terminar para siempre con ella, y en esos golpes de pecho se percibe la incomodidad existente en esa disciplina, su sensación de tener un talón de Aquiles. En su persistente autocrítica, la filosofía debe permanecer confinada en la santidad del autoanálisis. No es para menos. La búsqueda de universales tiene un atractivo irresistible para el filósofo.

Al describir este estado de cosas, soy consciente de que es casi imposible explicar de qué va todo esto a quien no sea filósofo. Pero quiero utilizar esta actitud, esta autoconciencia, como trasfondo de nuestra discusión, pues mi ataque a la autonomía por un lado, y mi compromiso con una ética relacional por el otro, en última instancia están basados los dos en un argumento francamente metafísico. Esto quiere decir que las bases de mi planteamiento las tomaré de posiciones no analíticas, y al hacerlo quiero cortar con esos límites que encierran a la ética en una camisa de fuerza. Mi estrategia es construir a partir de los desafíos deconstructivos que ya hemos visto, allí donde nos ha situado la intersección del yo en el cruce de caminos de la filosofía contemporánea, proporcionándonos una pista importante para fundamentar nuestro proyecto ético. Creo que debemos emplearnos en una posición postanalítica para entender cómo y por qué ha tropezado la ética médica, y para ayudarnos a erigir una mejor estructura moral en la medicina. Permítanme volver ahora al entorno médico.

La autonomía y el cuidado del paciente

El dolor era intolerable. Sentí un pinchazo repentino y supe al instante que tenía un cálculo renal. El espasmo duró varios minutos, no sé bien cuántos, pero remitió. Cuando me incorporé tras retorcerme de dolor en el suelo, mi hijo me metió en el coche y fuimos al hospital.

Allí me extrajeron sangre con gran eficiencia y me dieron analgésicos. El malestar era tan grande que no podía ni pensar. No tenía una idea clara de lo que me estaba ocurriendo. Entre el sopor inducido por los narcóticos y la agonía intermitente, apenas podía entender mi situación, mis opciones o la posibilidad de una resolución.

Sufrí episodios intermitentes de dolor durante una semana. La piedra no podía pasar. El escáner mostraba la obstrucción cerca del riñón y la hinchazón de ese órgano. No había dudas acerca de mi estado. Durante las tres semanas siguientes continué teniendo ataques de dolor agudo, cada uno con su visita a urgencias, y en una ocasión necesité ingresar en el Hospital. Me debatía pensando si debía operarme o seguir esperando. Que la piedra pasase sola sería lo mejor, pero poco a poco fui perdiendo esperanzas en ese desenlace.

Ante mi indecisión, mi urólogo se mostraba casi optimista. Como yo era médico tal vez él quisiera ser menos directivo, y sus consejos eran ambiguos. Me tocaba decidir solo. En mi vida adulta no había necesitado atención médica. Esta era mi primera experiencia madura como paciente. Estaba inmovilizado. No podía tomar la decisión. Continuaba pensando que tal vez solo necesitaba un día más. Conocía los riesgos de la cirugía, la recuperación postoperatoria, etc., y aún así todavía postergaba la decisión. Mi médico me abandonó a mi angustia, así que busqué consejo en otra parte, pero nadie podía decirme qué hacer. Probablemente no me tomaban muy en serio: ¿es que el tipo que siempre tomaba decisiones no podía decidir ahora si las molestias justificaban la cirugía? Qué tontería. Se imaginaban que si el dolor era lo suficientemente fuerte me sometería al bisturí. Al final, durante el sexto episodio de dolor, mi urólogo tomó la decisión. Me metieron volando en el quirófano.

—Bien, Fred, ya es hora. Ya has sufrido bastante.

Asentí conmocionado.

En el quirófano, antes de caer dormido, le recuerdo haciendo chistes con el anestesista.

—Este es el que viene por una orquidectomía —o sea, una castración. Se rieron y lo último que recuerdo son esas sonrisas.

Vistos los límites de la razón y la autoridad, la tolerancia en una sociedad pluralista es el fundamento de nuestra moralidad, y por eso volvemos una y otra vez al proyecto ilustrado del liberalismo como base de la ética médica. Pero cuando llevamos la ética médica al contexto comunal, al grupo en el que vivimos como individuos, presenciamos una tensión fascinante: deseamos permanecer dentro del ideal lockeano de autonomía, pero no obstante hemos trasladado la atención desde lo político (o científicamente objetivo) a lo humano, al cuidado de una persona (subjetivo, y por tanto en contradicción con lo anterior). Entonces la noción de autonomía debe ser ajustada, lo mejor que podamos, a otra clase de necesidades. En el caso de científicos clínicos autónomos, para cuidar al que sufre difícilmente podrá bastar con la observación desapasionada y la fría lógica. Y el paciente, por su parte, aunque disfrute de sus derechos individuales no puede mantener su autonomía como agente independiente. La relación fundamental entre los yoes ha sido alterada: el paciente ya no es una unidad autónoma. Se ha convertido en dependiente de maneras que amenazan el núcleo mismo de su autonomía. Más allá de los intentos de responder a las necesidades de una sociedad pluralista con los propósitos morales compartidos que surgen del respeto a los individuos, la medicina debe dirigirse a una forma diferente de relación, en la cual la autonomía es solo un aspecto del complejo cálculo de los cuidados. Esta es la base esencial para definir nuestro comportamiento ético como proveedores de atención sanitaria, y de ahí la tensión que hace los debates actuales en ética médica tan interesantes e importantes.

En medicina, la autonomía corre peligro, o al menos queda en una posición comprometida, pero por una buena razón. Con la ciencia clínica moderna, el paciente no solo es incapaz de tomar una decisión plenamente informada sobre las opciones diagnósticas y terapéuticas; su propia identidad personal queda redefinida por la enfermedad. Por ejemplo, supongamos que me duele la espalda. Voy a la clínica para que me examinen. Aunque el dolor es mío, también es algo radicalmente ajeno a mi personalidad. Hay una disyunción profunda entre mi dolor y mi yo. Este es el primer paso en la redefinición de mi personalidad, la separación de mi «mal-estar» con respecto a un sentido interno de cohesión personal. Es un paso crucial porque permite la segregación de mi problema respecto de mi yo como agente autónomo. Cuando la enfermedad es algo integral respecto a mi sentido de ser una persona, entonces el foco clínico pasa del «problema clínico» a la persona enferma. La medicina moderna obtiene mejores resultados en el primer escenario, y a menudo tropieza cuando hace falta un abordaje más completo. Hay mucho que decir sobre esta distinción, pero concentrémonos en el primer caso, más sencillo.

La médico me examina y dice que el dolor parece localizarse en la octava o novena costilla. Las costillas son mías, naturalmente, pero también son algo distinto, cuerpos extraños que han adoptado una identidad separada de la mía. En tanto que objetos de escrutinio, entidades separadas de alguna manera del resto de mi ser, me es fácil permitir su disección. La médico sentencia que necesito más pruebas: rayos X, análisis de sangre, tal vez alguna sofisticada técnica de escaneado; probablemente una biopsia. ¿Qué posibilidades hay? Vacila al mencionarme un vasto panorama de posibles problemas, incluyendo cáncer. *¡Cáncer!* ¡Por todos los santos, yo no! Tengo salud y vigor de sobra. Estoy en lo mejor de la vida. Tengo una familia, un trabajo; tareas que desempeñar; una seguridad que alcanzar; responsabilidades. Mi vida apenas ha comenzado. El cáncer es imposible. ¿Pero cómo puedo lidiar con esta crisis? Bueno, la primera decisión es confiar en mi médico. Que haga lo que sea necesario. Confío en ella. Esa es la elección... mi última elección. Mi autonomía corre serio peligro. Por supuesto que me presentarán opciones, consultarán mis preferencias, pero en realidad será ella quien decida. Ella conocerá el contexto de cualquier resultado, las alternativas, las prioridades. Y me comunicará su mejor juicio. Pero al aceptar su mirada he perdido mi autonomía, mi capacidad de elegir. En esas circunstancias estoy más que satisfecho de poder hacerlo, de relegarle este componente básico de mi personalidad, permitiendo que mi individualidad sea conservada según su mejor juicio. Que trate ella con este cuerpo extraño, mis costillas, y que resuelva mi enfermedad.

La médico ha alcanzado esta autoridad —este poder, de hecho— porque es una científica. Hay una interesante ironía aquí: la ciencia, que, en tanto que enfoque objetivo sobre la naturaleza y la humanidad, encontró un nuevo ideal político en la autonomía individual, ha terminado, tras cuatro siglos, amenazando el mismo ideal que ayudó a establecer. Este problema tiene muchas fuentes, y no es la menor de ellas que la ciencia, ya desde el juicio de Galileo a comienzos del siglo XVII, haya eliminado progresivamente la autoridad de la religión revelada, con la consecuencia práctica de liberar a la moralidad de criterios trascendentes. Este factor me parece evidente por sí mismo. Lo que tal vez sea menos obvio es cómo la ciencia se presenta a sí misma con la misma estructura moral que su objeto de escrutinio. La naturaleza *es;* no hay influencia divina, no hay fines, no hay lugar para las pasiones humanas en la mirada científica. Estos elementos pueden introducirse después, cuando contemplamos nuestra obra, pero el acto cientifico es, por así decirlo, objetivo. En este sentido, la moralidad científica se distingue de la moralidad teológica, en la que las pasiones humanas, la emoción y la subjetividad entran en el cálculo del comportamiento y la acción moral. En la ciencia, ninguna de esas preocupaciones personales tiene un papel en la observación, medición o evaluación de fenómenos naturales. El observador científico debería ser completamente neutro, si es que no invisible. Introducir las opiniones o prejuicios del científico en su evaluación sería equivalente a anularla. Desde sus comienzos la ciencia moderna requería a sus practicantes una posición neutral, tanto en la descripción de la naturaleza como en las conclusiones que sacaban de la observación.

Aunque la ciencia pedía desapasionamiento y objetividad en la observación del universo, un conflicto latente surgió cuando tal objetividad se convirtió en el fundamento de la medicina. Pues al mismo tiempo que pedimos una base científica y racional para la práctica clínica, reconocemos también que necesitamos una ética basada en otros principios. ¿De dónde vienen esos principios? Muchos *eticistas* médicos extrapolan del mundo político para mencionar entonces los derechos inalienables de los ciudadanos autónomos como una base suficiente para gobernar la medicina ética. No estoy de acuerdo por las siguientes tres razones:

- Es obvio que la autonomía del paciente es una ficción. Los pacientes no pueden ejercitar por completo su autonomía por la simple razón de que carecen de la formación y los conocimientos necesarios para tomar las complejas decisiones requeridas en el contexto de una ciencia clínica altamente técnica y oscura para los no iniciados.
- La medicina tiene básicamente una función parental (algunos dirían incluso que sacerdotal). El cuidado del paciente se basa en atender a quien sufre, en ayudar a quien no se puede cuidar a sí mismo. El precepto básico del clínico es cuidar al desventurado paciente, con respeto por la autonomía individual, pero impulsado fundamentalmente por el deseo de restaurar esa soberanía perdida.
- La ciencia proporciona un contrapeso con su ética desapasionada, de manera que la aspiración de lidiar con la enfermedad objetivamente no puede satisfacer las exigencias de una medicina compasiva. (Por supuesto, la ciencia es un prerrequisito del cuidado racional). Lo que voy a sostener es que una ética interpersonal debe establecer los fundamentos de la medicina como una praxis humana y que en esta tarea la ciencia clínica es solo una herramienta más.

Esto son afirmaciones. No las he desarrollado ni he proporcionado formulaciones alternativas, pero sirven para comenzar a perfilar mis intenciones. El ideal político de autonomía es completamente adecuado en ciertos contextos. En los rudos días de la colonización de Norteamérica, sobrevivir en la frontera dependía de la habilidad de los individuos para salir adelante por sí mismos. La cultura popular, además del hecho mismo de la conquista de un territorio virgen, mejoró nuestra apreciación del individualismo. La autonomía es la construcción jurídica y filosófica de esta mentalidad política. Pero hay un contrapeso comunal que también reclama atención. Vivimos en una sociedad compleja donde dependemos unos de otros de una manera difícil de imaginar para nuestros antecesores ilustrados. A pesar del reiterado reconocimiento a la ciudadanía autónoma, la realidad de la comunidad requiere un sentido más amplio de lo individual.

Estos asuntos se vuelven más explícitos en medicina, donde es obvio que la relación médico-paciente está gobernada por una compleja ecuación personal. Por un lado, sufrir dolor es perder la integridad del propio sentido del yo. Cuando enfermamos no podemos funcionar normalmente como individuos, nuestra capacidad de ser un yo corre peligro. La medicina debe comprometerse a restaurar esa integridad, o al menos a protegerla, cuando el paciente es claramente incapaz de tomar decisiones. Un indicador importante de esto es el Patient Self-Determination Act, una ley federal de 1991. Esta legislación establece la obligación de que las instituciones sanitarias proporcionen información por escrito a los pacientes sobre su derecho, protegido por la ley estatal, a declarar sus voluntades anticipadas *[advance directives]* respecto a las opciones de tratamiento en caso de que se vuelvan incapaces. Estas voluntades anticipadas son de dos tipos: 1) instrucciones como el «testamento vital» y directivas médicas que detallan las preferencias sobre el tratamiento del paciente, y 2) designaciones de representante que entregan a una persona particular el poder de tomar decisiones sanitarias futuras en beneficio del paciente. Estas directivas sirven para proteger los derechos morales y legales a la autodeterminación, disminuir la incertidumbre sobre lo que el paciente quisiera hacer en una crisis médica, y reducir los conflictos en la toma de decisiones sanitarias en situaciones problemáticas. Estos objetivos parecen muy adecuados en el contexto político de la autonomía, pero las críticas han señalado varios problemas interesantes de esta ley.

Primero, la contingencia de los intereses futuros puede alterar las decisiones. Esto incluye las opciones terapéuticas no anticipadas, que podrían rechazarse si el testamento vital tuviera prioridad sobre la opinión futura del médico o la familia. En general, si las preferencias son muy detalladas, se restringe demasiado la flexibilidad en las decisiones; al centrarse en la retirada de tratamientos más que en su continuación, tales mandatos no recogen los matices necesarios para ajustarse a las futuras necesidades del paciente. Por ello, se han estudiado mecanismos que permiten saltarse las voluntades anticipadas, intentando mantenerse fieles al principio de autonomía, pero que en realidad lo superan. Por ejemplo, un enfoque adopta el criterio del «mejor interés» del paciente, que otorga al representante considerables privilegios en la toma de decisiones. En este escenario, las directivas de representación tienen más flexibilidad y más relevancia respecto a la situación real del paciente que cualquier documento de voluntades anticipadas anterior.

El representante asume esencialmente la capacidad del paciente para elegir, sustituyendo la autonomía con otra agencia. Este juicio representativo (análogo al que sustituye la democracia directa de las asambleas populares por un gobierno representativo) depende de la capacidad del representante para discernir lo que el paciente hubiera querido hacer. Pero siempre está el peligro de equivocarse debido a la proyección de los propios valores del representante. Esta tensión puede deberse a legítimas diferencias de valores, o a conflictos de interés emocionales o económicos. La verdadera autonomía requiere responsabilidad por uno mismo, y en su disolución nos enfrentamos inevitablemente a estos embrollos. Es el precio del arreglo. Estos asuntos son de gran complejidad, y ahora comenzamos a ver cómo la ejecución de las voluntades anticipadas de los pacientes trae consigo conflictos entre diferentes directivas. Los derechos legales del representante pueden oponerse al juicio clínico del médico. Al debatir cuál es el mejor interés del paciente en diferentes contextos, la interpretación de términos como «terminal», «fútil», «medios extraordinarios» y «medios artificiales» puede volverse legalmente muy tortuosa.

Hay otro componente de este asunto que merece al menos una breve mención. ¿Hasta qué punto los pacientes realmente *quieren* la autonomía? Esta es una pregunta difícil de responder, pero hace poco me llamó la atención un estudio sobre las preferencias de los pacientes en el contexto de la comunicación con sus médicos en el final de la vida. En este estudio, publicado en 1997 en *Annals of Internal Medicine* por Jan Hofmann y sus colaboradores en grandes centros médicos de Norteamérica, menos de un cuarto de las personas seriamente enfermas había hablado con sus médicos sobre la resucitación cardiopulmonar, y solo un diez por ciento había hablado sobre ventilación asistida prolongada. No es que no hubieran tenido la ocasión de hacerlo, sino que la mayoría preferían no tener que tratar de esos asuntos en absoluto. Otros estudios han mostrado que la concordancia entre los tratamientos indicados por los clínicos (o las instrucciones al respecto de los familiares) y los deseos reales del paciente no es superior a la que se obtendría con una distribución aleatoria. De modo que, a pesar de la legislación y la creciente toma de conciencia entre la población sobre el proceso de toma de decisiones críticas, nos quedamos con un gran vacío de comunicación entre el paciente y el proveedor sanitario. La obvia reluctancia de los pacientes a hablar de estos temas implica al menos que no todos desean realizar esas opciones, y que tenemos un ideal de autonomía que no goza de aceptación universal.

El problema que he esbozado a partir del Patient Self-Determination Act gira en torno a la autonomía que, en el contexto de los cuidados a enfermos graves, se vuelve una abstracción de cuestionable utilidad. En este escenario, aunque intentamos conservar la autonomía como un ideal perdurable que debería guiar de algún modo los fines de la medicina, los enfermos han perdido su sentido integral de la individualidad y debe surgir otra base moral para regular su cuidado. El paciente terminal es un caso extremo, pero no deja por ello de estar en el continuo de la relación entre pacientes y profesionales sanitarios. Buscando un código moral adecuado para todo el espectro clínico, mi descripción del ideal político y legal de la autonomía nos conduce hacia el establecimiento de otra ética.

Los temas morales y legales que afectan al paciente agudo no tienen por qué coincidir necesariamente, y a menudo asistimos a divergencias entre los dos en un escenario tan cargado como el de la enfermedad terminal. Los especialistas en ética médica se han convertido progresivamente en un recurso humano para ayudar en los casos problemáticos. En los centros médicos grandes se les consulta a menudo, de igual manera que se llama a un especialista en enfermedades infecciosas o en cirugía ortopédica cuando hay un problema que desborda la competencia del equipo médico a cargo del paciente.

En este sentido, la ética médica puede considerarse como una rama legítima de la medicina clínica, una disciplina que ha pasado del aula a la camilla. A la luz de estas demandas, no es sorprendente que la ética médica se haya convertido tan rápidamente en una actividad práctica más que en un campo académico de conocimiento teórico. Pero no explorar los temas filosóficos de fondo supone renunciar a la oportunidad de dirigir y entender mejor nuestras opciones morales. En el siguiente capítulo examinaremos una alternativa a la ética médica basada en la autonomía.

4

La llamada del otro

Una vocación

—Corre y dale a mamá su cámara.

Le costaba respirar. A cada inhalación los músculos del cuello se le contraían, y con los espasmos pasaba alternativamente de acuclillarse a estirar la espalda. Tosía y escupía, para luego emitir un largo, agudo y estridente pitido. Yo me sabía bien los síntomas de sus ataques.

En mis recuerdos más tempranos mi madre tenía esos episodios y yo corría a su alrededor, buscando diversos objetos para ayudarla. Era un experto en depositar el líquido broncodilatador en la cámara nebulizadora para las inhalaciones, pero mis obligaciones también se extendían a las más mundanas tareas de encontrar pañuelos, llenar vasos de agua y arreglar las almohadas. A la edad de cuatro años mi carrera médica ya había comenzado.

—Tú eres mi hombrecito —me decía ella para tranquilizarme con una sonrisa. Eso nunca me calmó. Había un miedo que no ce-

saba: que mi madre tuviera una muerte trágica. Recuerdo mi primera resolución: encontraría una cura para el asma—.

Ingresé en la Facultad de Medicina en 1969, pero mi educación médica comenzó cuando era pequeño. Mi padre solía llevarme en sus visitas domiciliarias cuando tenía cuatro o cinco años. Con una agenda tan llena, era el único momento que compartíamos de manera regular, y yo le observaba con atención. Siempre me impresionaba su estilo. En las pocas ocasiones en que presencié cómo examinaba a un paciente, me impactó su gran autoridad. Siempre dominaba la conversación. Si sus pacientes estaban preparados y le hacían alguna pregunta al comenzar, se limitaba a dar una breve respuesta o a quitar importancia a sus quejas. Era paternalista, dominador y remoto al mismo tiempo. Siempre mantenía una cierta distancia entre el paciente y él. Los trabajadores bajo su cuidado parecían adorarle. Cuando me presentaba ante ellos siempre incluían comentarios del tipo «¿Sabes que tu padre es un gran hombre?» o «¡Espero que te conviertas en un gran doctor como tu papá!». Mi padre pensaba que con su comportamiento les inspiraba confianza y, más importante aún, respeto.

Como médico, el doctor Tauber padre era una extraña mezcla de imperturbabilidad y, en el fondo, atención. Cuando a un paciente le iba mal, no paraba quieto y le hacía visitas con frecuencia. Si a un paciente volvía a salirle un tumor recurrente, consideraba el caso como un fracaso personal. Lloraba cuando moría un paciente, y a veces pasaba horas obsesionándose sobre lo que podría haber hecho para cambiar el curso de la enfermedad. Se preocupaba profundamente. Los recuerdos que conservaba de los que se habían ido delataban su carácter profundamente sentimental. Pero con los vivos era brusco y repartía órdenes que esperaba fuesen cumplidas. Lo que más le gustaba era usar el bisturí.

Al final del Instituto, mis fines de semana solían incluir acompañar a mi padre en el quirófano para hacer una apendicectomía de urgencia. Miraba fascinado cómo blandía el bisturí, hacía una limpia incisión y aplicaba rápidamente los hemóstatos. Yo sostenía los retractores y miraba dentro del vientre. Cuando dominé el arte de colocar los retractores aprendí a suturar la piel. Era muy divertido.

En 1949 mi padre abrió una consulta en Good Hope Road, en lo más profundo de un vecindario obrero. La sala de espera siempre estaba llena, sin duda debido en parte a su generosidad. Aproximadamente un tercio de sus pacientes no podían pagarle, y no había seguros. Recuerdo cómo cada diciembre me tocaba llenar sobres, no de felicitaciones navideñas, sino de facturas anuales. Él me daba un montón de facturas con sus correspondientes sobres, y yo tenía que doblarlas, sellarlos y enviarlos. Había bastante pago en especie. Por ejemplo, una vez me rompí los dientes delanteros jugando al béisbol y necesitaba ortodoncia. Mi padre fue a la casa de al lado, a visitar a Gerald Hospas el dentista, y le pidió que me operase en honor a la cortesía entre profesionales. Esas cortesías incluían poder aparcar en doble fila frente a la barbería del Sr. Hacker para un corte de pelo rápido y a veces un afeitado. La policía nunca molestaba a mi padre; era obvio que todo el vecindario le respetaba.

Entonces, e incluso más aún en los años sesenta y setenta, cuando los «profesionales de bata blanca» (así llamaba mi madre a los colegas de su marido) estaban haciendo una fortuna en sus consultas, él siguió con lo suyo, ajeno a las finanzas médicas. Lamentaba lo que le parecía un sistema médico nada democrático y abogaba por una medicina socializada como alternativa. Pensaba que los médicos debían tener un sueldo y trabajar en cooperativas como la Clínica Mayo, anteponiendo a la economía de la práctica médica lo más importante, que era cuidar a los pacientes. La vocación no incluye hacerse rico a costa de los que sufren. Él cuidaba a los suyos y esa era la principal recompensa. Así que por debajo de sus bruscas maneras, sus pacientes y yo sabíamos que estaba verdaderamente comprometido con ellos. Me recordaba a un Albert Schweitzer sin el órgano y sin Bach: condescendiente con los nativos, pero completamente comprometido con su bienestar. Supongo que el ejemplo de mi padre fue una razón de peso cuando elegí trabajar en un hospital municipal, donde además de a trabajadores pobres también cuidaba a drogadictos, ladrones y prostitutas.

Los primeros años de Facultad fueron arduos. Los estudiantes de Medicina están deseando tener experiencia clínica, pero primero está el largo proceso de aprender el lenguaje médico y adaptarse al protocolo profesional prescrito. Más allá del aprendizaje social está la vasta enormidad de detalles que hay que dominar. Odiaba la memorización porque no había ningún desafío conceptual en ella. Para mí, aprender la secuencia de pasos enzimáticos en la asimilación metabólica de los azúcares, o la inserción de los músculos del glúteo en los diversos huesos, eran cosas sin interés *intelectual*. Me limité a aprender un nuevo idioma y a divertirme observando a mis compañeros. Vaya grupo más heterogéneo. Los futuros psiquiatras se amontonaban al fondo de la clase, con sus sonrisas satisfechas y presunta superioridad intelectual. Los aspirantes a cirujano tenían su propia fraternidad y se dedicaban a imitar la serie *MASH*, convertidos en donjuanes de élite. Mis amigos eran los introspectivos aspirantes a internista. Nos tomábamos el estudio muy en serio, sabiendo que había vidas que dependían de que nos supiéramos la regulación del metabolismo tiroideo, los efectos secundarios de los opiáceos, el espectro antibacteriano de la tetraciclina. No éramos cirujanos, psiquiatras o radiólogos, sino *médicos*.

Que mi formación iba en serio quedó de manifiesto muy claramente durante mi primer año. Discutí con mi padre por un examen de bioquímica. Una de las preguntas era sobre el uso de la insulina. Mi respuesta había sido incorrecta, y el comentario de mi padre me provocó escalofríos: «Hubieras matado al paciente con esa terapia». Se limitó a explicitar algo que en nuestra formación inicial quedaba implícito: la imponente *responsabilidad* de ser médico. El cuidado del paciente era un asunto serio. Habría decisiones de vida-o-muerte a nuestro cargo. Más que por su vigor intelectual, los estudiantes de Medicina eran seleccionados en función de su madurez emocional. Los comités de admisión rara vez fallan al evaluar la capacidad académica, pero cómo adaptar un joven inexperto a las demandas emocionales de la medicina es harina de otro costal.

Los adultos jóvenes están por lo general mal equipados emocionalmente para manejar la horrenda responsabilidad de cuidar a los muy enfermos. Generalmente han tenido poco contacto con el sufrimiento; con contadas excepciones, asistir al dolor y a la muerte no forma parte de su experiencia íntima. La mayoría llevan una vida cómoda y los muertos están ocultos. El mayor ajuste a la medicina clínica consiste en *ver* la muerte y el proceso de morir.

Yo nunca había visto a la muerte hasta conocer a Ellen, mi cadáver. Olía fatal y su figura no era mucho más humanoide que la del gato que había diseccionado en el bachillerato. La familiaridad con la muerte comenzó esa primera semana en la sala de disecciones; aunque a menudo se describe como un proceso deshumanizador, el proceso de diseccionar un cadáver, vivir con su olor persistente en la ropa y el pelo, aprender que somos reducibles a pura anatomía, es para muchos una experiencia chocante. La socialización en el mundo de la objetivación médica comienza por reconocer que la muerte es solo otro objeto de estudio, aunque sea uno central. Se inculca su escrutinio en cada aspecto de la educación médica, lo que permite extrapolar lo que sabemos de los muertos a aquellos que tienen una enfermedad, grave o leve. Todo un continuo de sufrimiento que hay que entender desde la perspectiva científica, donde estamos obviamente tratando con personas, pero de una manera muy específica: como objetos de estudio profesional.

Por ejemplo, el lenguaje clínico reforzaba nuestro distanciamiento respecto del que sufre: no hablábamos de la persona, sino del caso, la enfermedad, el paciente, la lesión, la anomalía, la anormalidad, la cirugía, el resultado del análisis. Aprendimos habilidades comunicativas para entrevistar al paciente y extraer de él la historia clínica *relevante*. Buscábamos *hechos,* pedacitos de información objetiva que insertar dentro de ecuaciones diagnósticas. Al obtener una «historia familiar» buscábamos la enfermedad genética asociada; la historia social documentaba si el paciente fumaba, bebía alcohol, trabajaba. La historia de viajes también era relevante, no porque reflejase la experiencia vital del paciente, sino para discernir factores de riesgo infeccioso.

Y, por supuesto, el *mejor* caso era el que planteaba el problema médico más difícil. El pobre diablo con un traumatismo múltiple, el fracaso sistémico de cinco órganos, o el tipo en diálisis por sobredosis, eran solo la gasolina de nuestro motor médico. Todo era «un desafío» y los estudiantes disfrutábamos con la emoción e importancia de nuestro trabajo. La Facultad era difícil, pero también muy divertida.

Me licencié entre los primeros de la clase y pude añadir a mi nombre la coletilla M. D. *(Medicinae Doctor).* Mi hija, de pequeña, solía decir que las iniciales significaban «*my Daddy*» [mi papá], intentando en vano ocultar su otro significado. Al expresar su rechazo a compartirme con el otro mundo, ella sabía, como los demás miembros de la familia, y como antes lo supieron la esposa e hijos de mi padre, que M. D. también quería decir «mi destino».

Joyce tenía veintipocos años y en un día normal sería guapa. Pero hoy no lo estaba. Como un animal asustado y los ojos muy abiertos, intentaba tomar aire. Llevaba varias horas con dificultades para respirar. Sufría de asma desde la infancia y su historial médico estaba lleno de innumerables hospitalizaciones. Había vuelto a ingresar al no responder a los medicamentos, primero en casa y luego en urgencias. Hacía cuatro horas que la examinaba de cerca y había concluido de mala gana que no iba a responder a mi arsenal. A pesar de mi pericia en la bioquímica del asma y de las alergias agudas, no conseguía vencer el broncoespasmo. Ella no podía respirar. Yo estaba frustrado. Más aun: estaba enfadado. Llamé al anestesista de guardia para intubarla. Usaríamos el último recurso.

El anestesista era un residente, como yo. Un poco desaseado, probablemente por haberse pasado de guardia todo el día y comenzar ahora su vigilia nocturna. Miró rápidamente mis notas y después fue a ver a Joyce. Yo supuse que el asunto ya estaba en marcha y me puse a hacer otras cosas. Cuando regresé a la planta, 45 minutos después, el anestesista todavía estaba en su habitación. Sentado junto a la cabecera de Joyce, se limitaba a hablar con ella. Entré y le escuché recitar un monólogo (pues Joyce aún no podía hablar) cuyo tema central era que se iba a poner bien.

Estuvo con ella tres horas. Hablando, nada más. No más medicamentos, y por supuesto nada de intubación. Cuando salió a eso de las 2 de la madrugada, ella respiraba con normalidad. Me había sentado en el puesto de enfermería y, al pasar a mi lado, comentó casualmente que Joyce solo necesitaba pequeños ajustes en su medicación y que se le podría dar el alta por la mañana. Tenía razón.

Me ruboricé al verlo irse por el pasillo. Le había curado el ataque de asma solo con hablarle. Recordé mi ira al no poder doblegar su broncoconstricción. Di un respingo al recordar a mi madre su-

friendo por una recalcitrante e irracional resistencia a las terapias contra el asma. Miré a Joyce durmiendo plácidamente y me sentí avergonzado.

Algunas definiciones

- Ética: la disciplina que trata de lo bueno y lo malo, lo correcto e incorrecto, o del deber y la obligación morales. *(Webster's Third International Dictionary).*
- El «debe» es, de hecho, uno de los rasgos más comunes del «es», de lo que hay o está pasando. (John Caputo, *Against Ethics).*
- «¿Cómo debería vivir uno?» La generalidad de ese *uno* dice mucho acerca de la pregunta. (Bernard Williams, *Ethics and the Limits of Philosophy*).
- La responsabilidad moral [...] es la realidad primera del yo, un punto de partida más que un producto de la sociedad. [...] No tiene «fundamento»: ni causa ni factor determinante. [...] No hay un yo anterior al yo moral; la moralidad es la presencia última y no determinada; es, de hecho, un acto de creación *ex nihilo*, si es que hay alguno. (Zygmunt Bauman, *Postmodern Ethics).*
- Lo que poseemos [...] son fragmentos de un esquema conceptual, partes a las que ahora faltan los contextos de los que derivaba su significado. Poseemos, en efecto, simulacros de moral, continuamos usando muchas de las expresiones-clave. Pero hemos perdido —en gran parte, si no enteramente— nuestra comprensión, tanto teórica como práctica, de la moral. (Alasdair MacIntyre, *After Virtue).*

Antes de continuar, quiero declarar explícitamente las estrategias que he adoptado para mi argumentación. La primera se refiere al enfoque filosófico que asumo al comprometerme con la ética médica. La ética contemporánea, aplicada a varias cuestiones sociales, incluyendo las de la bioética en general y la ética médica en particular, ha asistido a un vivo debate sobre la relación entre las prácticas que deberían gobernarla y los enfoques «de arriba abajo» *(top-down,* deductivos) y los «de abajo arriba» *(bottom-up,* inductivos). En los primeros, una teoría general informa los principios éticos, que a su vez definen las reglas morales que finalmente deciden en los casos particulares. En los segundos se invierte el proceso, con los casos individuales dirigiendo el proceso hacia arriba, hacia las reglas y principios, que finalmente se materializan en una teoría general. No es de extrañar que haya un consenso emergente en torno a que la práctica sea dirigida por una combinación de estos enfoques: cada nivel influye en los otros, pero no los gobierna. Norman Daniels llama a este proceso dialéctico y bidireccional «equilibrio reflexivo amplio»: el lema de una coherencia multifocal entre las creencias y la práctica.

Reconocer tanto la pluralidad de enfoques como la legitimidad de todos ellos es el triunfo (y tal vez el fracaso) de la tolerancia y el eclecticismo de la segunda mitad del siglo XX. La mayoría de los especialistas en ética médica adoptan este enfoque pragmático y efectivo, pero los filósofos morales generalmente construyen sus teorías a partir de consideraciones más generales. Yo también adoptaré un enfoque de arriba abajo. Mi argumento no se basa en el principialismo (la escuela dominante en ética médica, que según Wayne Summer y Joseph Boyle ha adquirido «prácticamente un estatus constitucional en el ámbito de la bioética»), sino en una teoría ética más general. El principialismo pone en juego elementos clave en la ética médica norteamericana que se identifican con la autonomía, la beneficencia, la no maleficencia y la justicia. Uno no puede oponerse a estos preceptos, pero voy a argumentar a favor de una filosofía relacional más básica como preparación para esos principios y reglas éticos.

Con mi segunda estrategia busco ubicar el rol social de una ética consciente de sí misma. Mi tesis es que la primera preocupación de la medicina es ética; la ciencia y la tecnología han de colocarse al servicio de los logros humanos. La ética médica no es una asignatura entre muchas otras dentro del plan de estudios de medicina: es *la* asignatura, el gran tema de estudio, y su importancia es suprema. La ética médica no es una simple jurisprudencia aplicada para beneficio de los pacientes; es un proyecto filosófico cuyas bases establecen la relación entre la sanidad y los enfermos. La ética médica no es un mero aparato al servicio de la resolución de diversos asuntos técnicos; es la base misma de la manera como abordamos y resolvemos los desafíos planteados por los avances científicos contemporáneos.

En la intersección de estas dos estrategias —la que prima mi posición filosófica y la que prima su aplicación social— quiero articular un *ethos* rector para la medicina contemporánea. Por un lado mi propuesta es simple, consiste en reafirmar una ética relacional como fundamento de la medicina, pero por el otro el razonamiento debe defenderse con rigor ante otras filosofías del cuidado alternativas. Están quienes defienden el dominio de lo tecnológico, cuyo poder y autoridad en la determinación de los cuidados sanitarios tiene su propia lógica y prioridades. En el mundo del imperativo tecnológico, la ética relacional queda subordinada a la ciencia y la tecnología que impulsan el progreso médico. El criterio rector es la utilidad, y el practicante médico comprometido con ese programa se guía por los resultados prácticos de su oficio. Desde esta perspectiva, el paciente debería estar satisfecho con una tecnología altamente sofisticada que le ha traído una mayor longevidad y calidad de vida. Y cuando la discusión deriva hacia la preocupación por estructurar la sanidad de una manera diferente, escuchamos voces de disenso. También están los que mantienen que la asistencia médica debería basarse en los mismos ideales políticos que adoptamos en nuestra democracia liberal. Otros defienden un enfoque utilitarista. Yo plantearé una base diferente, más fundamental a mi juicio, para la moralidad en el ámbito clínico.

La propuesta que quiero defender no es novedosa. El asunto que nos ocupa ha sido tratado en otros formatos como el del eclipse de la compasión, y es un problema que impregna nuestra época. Maimónides, en el siglo XII, advirtió que uno no debería meterse en «especulación» (investigación científica) antes de haberse «llenado con el conocimiento de lo que está permitido y lo que está prohibido». De manera sencilla, este filósofo judío recordaba a sus lectores medievales que los criterios morales y el cultivo del comportamiento ético tenían prioridad sobre la práctica científica. Y muchos comentaristas del siglo XX han repetido esa afirmación. Por ejemplo, Shimon Glick escribe que «el cimiento sobre el que ha de basarse la medicina es la compasión, ahí es donde comienza todo, y sin esa base uno no puede ser un verdadero médico». No es sorprendente que estos testimonios se generen a partir de orientaciones explícitamente religiosas. Maimónides y Glick hablan desde la tradición judía; la ética de la virtud enseñada por expertos tan preeminentes como Edmund Pellegrino, David Thomasma y Albert Jonsen es producto de la educación de los jesuitas. Pero la compasión (Glick) y la beneficencia (Pellegrino), su anterior expresión filosófica, no son categorías analíticas; hablando estrictamente, dudo que sean siquiera clases filosóficas. La empatía, como reflejo de una emoción humana, no ha servido formalmente como cimiento para construir una base *racional* para la ética. Esta distinción se volverá crítica más adelante.

No se trata de oscurecer el papel de la compasión, sino de llegar al mismo punto desde un camino distinto. Obviamente, la empatía está en la base de las relaciones humanas de cuidado; pero hablando filosóficamente la compasión no tiene mucho peso como una categoría explicativa o justificatoria. El asunto que nos ocupa es definir la base *filosófica* de la medicina y su *ethos* rector. Si buscamos definir una filosofía, debemos hacerlo con las reglas del filósofo. Después de todo, la virtud de la filosofía es su promesa de claridad intelectual. Si resulta que la gramática que empleamos no es adecuada o le falta refinamiento, entonces debemos hacer los ajustes necesarios en la tradición. Así que mi proyecto acaba por reformular la confesión del capítulo anterior: la ética en tanto que *filosofía* debe asumir el paso del discurso analítico a una filosofía postanalítica.

Algunos objetarán, y con razón, que este proyecto conlleva abandonar la filosofía. En efecto, estamos haciendo algo que Wittgenstein no podría aceptar. Pero al admitir que el léxico que usamos en nuestro coloquio es francamente metafísico, que de hecho descansa sobre un vocabulario pobremente definido de emoción humana, esa misma franqueza ya nos hace reformular el proyecto filosófico, reconociendo por ello que la filosofía sigue su camino sin más guía que sus propias preocupaciones. Las herramientas son adecuadas para la tarea: la fuente de nuestra filosofía moral será revelada aquí como algo afín a una categoría distinta de experiencia humana: la religiosa, la emocional, la personal. Al articular una filosofía para la medicina, somos conscientes de que renunciar a estas fuentes supone abandonar todo el proyecto.

El problema

> Hasta el gusano más rastrero [...] contrasta su propio yo doliente con el resto del universo, a pesar de que no tengamos una concepción clara del gusano o de lo que pueda ser el universo. Para mí él es una mera parte del mundo; para él soy yo quien es una mera parte. Cada uno de nosotros dicotomiza el cosmos por un sitio distinto.
>
> William James, *Principios de psicología*

Si los clínicos han de tratar con el paciente como un objeto, la identidad del enfermo es relativamente fácil de definir. Limítate a enumerar los parámetros de lo normal mediante observaciones físicas, análisis bioquímicos, imágenes radiográficas o cualquier otro criterio objetivo que queramos aplicar, y ya puedes codificar la enfermedad. Pero tan pronto como nos refiramos al paciente como una persona, debemos entrar también en las definiciones individuales y subjetivas de la salud y la enfermedad, por no hablar de los parámetros sociales que informan nuestro sentido de lo normal y lo esperable. Con esos criterios es difícil trazar una línea clara entre lo normal y lo patológico y además podríamos decir que los criterios de la enfermedad se imbrican íntimamente con nuestro sentido mismo de la identidad. Vistas las dificultades de identificar al yo, no sorprende que la reflexión ética haya naufragado tantas veces.

No culpemos a la medicina. No hay culpables. Cuando tratamos de referirnos a nuestro sentido subjetivo del yo, nos damos de frente con los límites de nuestro lenguaje. Recordemos con James que al experimentar el yo reconocemos inmediatamente que nosotros, como yoes, no somos ni sujeto ni objeto, sino reflexividad. En términos filosóficos, esto es una *dialéctica,* en la que estamos reflejando nuestra consciencia de uno mismo en un nuevo reflejo. No hay tal cosa como un cuerpo reflejado en un espejo; solo tenemos el proceso de reflexión, en el que se funden la imagen *vista* y el *cuerpo* que se refleja. Solo los verbos reflexivos capturan ese acto, y no nos gusta fundir en uno la división entre sujeto y objeto presente en muchos verbos, pero hace falta para capturar nuestro sentido más profundo de la identidad personal. La noción modernista del yo, ese sujeto nacido en la época de Newton y Locke, ha soltado amarras y navega a la deriva en una gramática imposible de articular.

Así que aquí está el problema filosófico: en nuestra interminable búsqueda de una nueva base para la ética médica, es poco probable que encontremos la solución en versiones revisadas de un yo puntual, estructurado como una entidad orientada a objetos/sujetos. Pues una definición de la agencia, el comienzo de cualquier construcción ética, debe basarse en una función reflexiva. Nos desarrollamos mediante una gramática que nos constituye *en* el mundo, no como objetos o sujetos, sino como *verbos* integrados de experiencia. Este es el proyecto iniciado por William James, aún por completar: fundamentalmente el yo es una categoría *moral* y, como tal, un constructo metafísico.

Lo *moral* pertenece al ámbito general de las relaciones humanas, y a este respecto el yoo es el vehículo moral que empleamos para discutir cómo deberíamos interactuar. La ética se vuelve así un problema metafísico porque los estándares de acción no se derivan del conocimiento científico o de certezas que podamos verificar mediante los criterios asociados con el conocimiento por Wittgenstein. Todavía podríamos sostener que el asesinato es inmoral, pero ese juicio se basa en presupuestos fundamentalmente diferentes a aquellos a los que asignamos objetividad científica. De modo que situar el yo en este cosmos moral supone reconocer que estamos hablando de un constructo que no puede satisfacer los criterios epistemológicos del conocimiento científico. Recordemos que desde la perspectiva de Wittgenstein todo discurso que no sea científico es un «sinsentido», lo que no significa que sea estúpido o infantil, solo que no debemos confundirlo con los criterios del conocimiento alcanzable. Este es un reconocimiento muy simple, pero transforma la exposición en una formulación metafísica post-Wittgensteiniana. Con esta cautela crítica, en este capítulo me pasaré resueltamente a la metafísica para articular una respuesta a este desafío de la identidad y su base moral. Pero antes de hacerlo permítanme situar mi argumento.

Hay dos tipos de ética médica. Una podríamos llamarla «jurisprudencia aplicada», y consiste en la aplicación práctica de la ley y los usos aceptados. Esta es la variedad que emplean casi todos los especialistas en ética médica, y tiene como áreas de trabajo particular: 1) la relación médico-paciente (por ejemplo, cómo iniciar e interrumpir esa relación, confidencialidad, consentimiento informado, veracidad en la revelación de información, evaluación de la competencia, relaciones sexuales entre médico y paciente); 2) las decisiones cercanas al final de la vida (toma de decisiones por representación, voluntades anticipadas, retirada y mantenimiento de soporte vital, futilidad, órdenes de no reanimación, nutrición e hidratación artificiales, estado vegetativo persistente, muerte cerebral, suicidio asistido, eutanasia, etc.); 3) la relación entre el médico y la sociedad (acceso a la asistencia y distribución de recursos sanitarios, conflictos de interés, financiación de los proveedores de servicios, relación del médico con la industria farmacéutica, publicidad y mercadotecnia, pena de muerte, médicos con minusvalías); 4) las cuestiones éticas en la formación de los médicos; 5) el papel de los comités de ética, y (6) la ética de la investigación (transplantes, protección de los sujetos de investigación, análisis genéticos, terapias no ortodoxas). Todas estas áreas de la medicina clínica son muy importantes y cada vez ayudan más a moldear la práctica.

Pero hay una segunda clase de ética médica, que consiste en el intento de definir las bases filosóficas del encuentro médico en tanto que moral. La ética médica ha pasado rápidamente por tres fases de desarrollo. La primera puede considerarse como el momento de concienciación. La segunda consistió en el análisis de las cuestiones éticas que dieron lugar a la disciplina técnica descrita en el párrafo anterior. La tercera fase, la que a mi juicio es la verdaderamente filosófica, es un intento de situar la ética médica más generalmente como un problema en filosofía moral. (Hay muchos textos ejemplares de este último género, entre ellos *The Patient as Person* (1970) de Paul Ramsey, *Principles of Biomedical Ethics* (1979) de Tom Beauchamp y James Childress, *A Philosophical Basis of Medical Practice* (1981) de Edmund Pellegrino y David Thomasma, *A Theory of Medical Ethics* (1981) de Robert Veatch y *The Foundations of Bioethics* (1996) de H. Tristram Engelhardt, Jr). Es en este ámbito donde el objeto de investigación se amplía, pasando de los derechos de los pacientes (un asunto de alta y clara importancia) a la cuestión ética más fundamental de la *relación filosófica* entre paciente y profesional sanitario. Y en este contexto el médico es tan sujeto de escrutinio como el objeto de su atención, la persona enferma. En otras palabras, hay que examinar tanto el agente ético como el objeto de su acción ética. En esta construcción, el paciente y sus peticiones no son más preeminentes que las preocupaciones que definen al clínico y a su relación mutua. En términos simples, se convierte en un asunto crucial cómo se porta el *médico* como persona —como un yo— con su paciente. Así se expande el problema de la identidad, que pasa de ser asunto solo del paciente a incorporar también al médico.

Dado que la ética se construye a partir del agente moral, y vistas las dificultades para definir al yo, ¿cómo construimos una ética médica? Al intentar responder esta cuestión, me limitaré solo a la segunda clase de ética médica, pues lo que me interesa fundamentalmente es la relación médico-paciente. Creo que deberíamos concentrar nuestros esfuerzos en ese encuentro, si es que queremos erigir una filosofía de la medicina integral, que no solo incluya los asuntos ya mencionados, sino que ponga también en su lugar a la ciencia y la tecnología médicas. Sostengo que las discusiones sobre nuestra relación con la ciencia y la tecnología son secundarias respecto de la comprensión del asunto moral fundamental, que es la relación yo-otro. Nuestra base de conocimiento (nuestra epistemología) no es la medicina; la ciencia en la que confiamos para tomar decisiones médicas informadas y racionales no es sino la herramienta que usamos. Confundimos demasiado a menudo la tecnología y la ciencia que emplea la medicina con la propia disciplina. Las preocupaciones humanistas no son meros apéndices a la ciencia de la medicina en sus varias formas, sino más bien la base misma de la medicina: la medicina se fundamenta en la relación moral entre clínico y paciente. Su epistemología queda subordinada a esta relación.

El médico fue un sacerdote en otros tiempos y todavía sigue siéndolo ahora, aunque de manera diferente. Hospitales y clínicas repletos de aparatos diagnósticos, fármacos, cirugía, etc: estos son los medios con los que se administra el cuidado. La atención médica depende de estos aparatos, pero el cuidado es fundamentalmente ético, esto es, está basado en la relación humana. Cuando reorientemos nuestro enfoque de la ética médica como una empresa fundamentalmente moral, estaremos en mejores condiciones de tratar con los desafíos planteados por el tremendo poder de la tecnología actual. En otras palabras, debemos situar firmemente la medicina dentro de su ética, y la epistemología vendrá por añadidura. Así que mi proyecto está relacionado en último término con una definición del yo a la luz de la comprensión de la relación yo-otro, desde la cual pueda construirse una base ética para la medicina.

Levinas

Era un frío día de marzo y yo caminaba con prisa por Newbury Street, la calle más lujosa de Boston. Allí estaba una mujer negra sentada en la acera, envuelta en un abrigo oscuro demasiado grande para ella. Al pasar por su lado dijo con un quejido: «¿Algo de calderilla?».

La miré pero no paré de caminar hasta unos pasos más adelante, y entonces giré para verle la cara.

—¡Carolyn! Carolyn, ¿qué demonios haces aquí?

Me miró y medio sonrió avergonzada. Sus ojos se iluminaron con ese brillo que había observado en la clínica tantas veces antes cuando me respondió:

—Hola, doctor Tauber—. Y bajó la cabeza.

—¿Qué está pasando?

Sin subir la cabeza dijo con naturalidad:

—Bueno, necesito dinero. Hay que pagar el alquiler. Me escapé.

Escarbé en mi bolsillo y le di un billete de 20 dólares.

—Toma, esto es un anticipo de tu próxima consulta. Asegúrate de no perder esa cita, —sabía muy bien que había al menos un 50% de posibilidades de que no apareciese—.

—Gracias, doc. Lo haré.

Y lo hizo.

Fundamentalmente, cuidar al paciente es colocar al otro en el foco de atención. La autoglorificación pasa a un segundo plano, el acto de responsabilizarse debe dominar. La promesa realizada por los estudiantes de medicina que se licencian, ya sea el Juramento Hipocrático, la Oración de Maimónides o cualquier otra variante, es una promesa de cuidar a otros al margen de cualquier eventualidad. Un compromiso moral hecho en el pasado se proyecta hacia el futuro, guiando nuestro comportamiento mediante los límites que asumimos. Como observó Bernard Williams en *Ethics and the Limits of Philosophy*, «la obligación y el deber miran hacia atrás, o al menos al otro lado. Los actos que requieren pertenecen al futuro».

Puede que sea obvio, pero todavía creo que la medicina ofrece incesantes oportunidades únicas para tomar decisiones morales. La mayoría de los trabajadores sanitarios son moralmente conscientes de sus obligaciones. Puede que hasta les mueva la empatía o la compasión, pero no confundo esas emociones con la moralidad. Y aunque reconozco las muchas máscaras de altruismo y los varios disfraces que nos ponemos como profesionales sanitarios, perdura un profundo compromiso moral que sitúa nuestra agencialidad y guía nuestra acción, tanto en la clínica como en la asistencia primaria. No me puedo despojar de mi atuendo como médico, como tampoco pueden hacerlo el sacerdote o el juez. Esta antigua costumbre me define de un modo que transfigura mi identidad para adaptarse a un mandato ético que no puedo evitar ni olvidar, y administrar cuidados al enfermo se convierte en mi acto de respuesta básica. Respondo al otro, luego *existo*. De modo que mi tarea es ir más allá de la autonomía como base de nuestro esbozo ético para trabajar el campo de la moralidad relacional como medio para alcanzar nuestra finalidad. Nuestra estrategia queda definida por el tema relacional.

La dificultad que tiene ahora la filosofía en la tarea de contribuir a la ética médica con una formulación general de la agencia moral es producto de una confusión generada por la propia filosofía. Por muchas razones que se entrecruzan y solapan, la incapacidad de articular los parámetros en los que formular el agente ético, el yo, nos deja con el problema de presentar claramente una filosofía moral médica. Con nuestra preocupación por identificar el yo, inestable e irrestricto, hemos oscurecido no solo la cuestión de cómo construir la agencia moral: más aún, esta inquietud filosófica nos ha privado de un fundamento metafísico para la ética. Y es esta cuestión básica de la identidad la que confunde nuestros intentos de formular una filosofía de la medicina, y más en particular, de fundamentar firmemente una ética médica en una filosofía más general.

En gran medida, el impedimento para establecer una filosofía de la medicina reside en las *soluciones* filosóficas ya disponibles para el problema de la identidad. Fundamentalmente, creo que el contorno de la personalidad lo traza la moral, no la epistemología. La deconstrucción del yo requiere una respuesta ética, y al trasladar la discusión a este ámbito entramos en un análisis distinto, en una concepción marcadamente distinta de lo que es ser un individuo. Mientras el yo permanezca en duda, mal definido por el dilema epistemológico del pensamiento analítico moderno, quedarán amenazados nuestros esfuerzos para encontrar una base firme para la filosofía médica, que como hemos visto ya debe ser ante todo una filosofía moral. Me parece que un primer paso crucial en la creación de esa filosofía consiste en detener el ataque contra el yo y buscar salvar lo que se pueda de él como vehículo para la filosofía moral.

Así que ahora quiero presentar una curiosa solución a este problema, y para hacerlo me subiré a hombros de un gigante, Emmanuel Levinas, un filósofo francés que murió en 1995 a la edad de 90 años. Levinas arguyó con autoridad creciente que la filosofía debe tratar la ineludible responsabilidad de cada individuo por los otros. El yo no solo está definido en relación con el otro, sino que la misma naturaleza de nuestro ser reside en esa intersubjetividad. Lo que propongo es un esbozo de su filosofía como intento de construir una alternativa a la ética basada en la autonomía. Mantengo que la fundamentación de la ética médica debe explicar tanto la «relación» como la «yoidad» propia de esta profesión, y buscaremos construirla desde la base de una filosofía relacional.

Levinas sostiene que el individuo tiene una responsabilidad ineludible por los otros. Pero su ética toma una cualidad mucho más global que una mera actitud moral de construcción del deber cívico. Su filosofía moral es una doctrina completa que sitúa la epistemología (nuestro conocimiento del mundo) y la metafísica (nuestra concepción básica de la realidad) en el encuentro ético. Así, el yo no solo se define en relación al otro, sino que en esa intersubjetividad el yo se realiza en su propio ser. Para Levinas, «somos personas solo en nuestra relación con los otros». Esta idea impregna su concepto del ser humano. La filosofía de Levinas es una respuesta radical a un sistema de pensamiento basado únicamente en el agente moral autónomo. Si, como ya he dicho, la ética médica requiere «yoidad» y «relación», la posición de Levinas es de lo más interesante y merece la pena explorarla.

Comienza preguntándose, ¿qué es el yo y cómo se constituye? A su juicio, el yo se descubre a sí mismo en la alteridad, en la otredad. Esta es una idea curiosa, especialmente porque es muy poco intuitiva. No comienza con un yo, sino que le permite emerger o desarrollarse. En su perspectiva, el yo no se convierte en un verdadero yo hasta que reflexiona sobre su propia identidad. Como los pensadores del XIX que le precedieron, Levinas está primordialmente interesado en nuestra autoconciencia, en el acto mismo de contemplar nuestra identidad personal. Pero lleva esta autoconciencia en una nueva dirección al distinguir entre dos niveles de pensamiento, el reflexivo y el que no lo es.

A no ser que conscientemente traduzcamos nuestros procesos mentales en términos lingüísticos, podemos decir que al actuar en el mundo pensamos a un nivel «preconsciente». Tal vez un ejemplo pueda ilustrar este punto; oigo un chillido y luego un grito: «¡Papá, ven rápido!». ¿Me pongo a considerar mi sorpresa ante la alarma de mi hija, o el contenido lingüístico de su miedo, o simplemente echo a correr con rapidez y atención hacia la cocina de donde sale el grito? Llego sin *pensar* la ruta o cualquiera de los mil detalles que componen la escena de mi casa y la familia en ella. Veo fuego en la cocina. ¿Pienso conscientemente en mi siguiente acción? ¿Me pregunto cómo apagar el fuego? ¿Dónde está el extintor? No; simplemente agarro el extintor de la pared y apago las llamas. Más tarde puedo reconstruir el episodio en su totalidad, analizar sus componentes y mis reacciones, y maravillarme ante mi hábil manejo de esta emergencia. En este sentido, me comporto *no-reflexivamente,* respondiendo a mi entorno, actuando con finalidad e intención, pero sin que el lenguaje entre en mi comportamiento. No me dije a mí mismo «baja corriendo las escaleras», o «mueve esta pierna, luego la otra», o «usa el extintor de la pared del fregadero», o cualquier otro mandato para entrar en acción de manera espontánea y no-contemplativa.

Pero hay un segundo momento de pensamiento, a saber, la autoconciencia. Leer este libro, pensando en posibles críticas y preguntas para ese elusivo agente, el autor que no puede responder directamente pero controla este silencioso diálogo, es una actividad esencialmente reflexiva. Pero no me refiero exclusivamente al pensamiento racional, o incluso al pensamiento consciente que depende del lenguaje. Aquí incluiría los sentimientos globales que llamamos estéticos, espirituales o éticos: sentimientos que nos resulta difícil, si no imposible, convertir en términos lingüísticos. Cuando discutimos o expresamos esos estados, somos conscientes de que hay que hacer alguna clase de traducción y que, como todas las traducciones, será incompleta y distorsionará el original. La traducción no puede ser idéntica a lo que traduce. El lenguaje en sí mismo no es la condición *sine qua non* del pensamiento reflexivo; pero la autoconciencia sí.

Así que debemos señalar una conciencia que no *piensa* pero que *vive* no-reflexivamente. Esta distinción queda bien ilustrada por la diferencia entre subirse a una bicicleta y bajar la calle en ella, y enseñar a alguien para que haga lo mismo. En el primer ejemplo, simplemente *lo hacemos;* en el segundo, tenemos que parcelar la acción en sus diversos componentes, explicarle los trucos para arrancar, cómo coger velocidad, mantener el equilibrio, frenar y todos esos matices que un ciclista habitualmente da por supuestos. Usamos el lenguaje para describir cómo se siente uno al compensar el equilibrio, pero en última instancia sabemos que el aprendiz tendrá simplemente que intuir la acción correcta a partir de nuestros torpes consejos.

El pensamiento comienza pues con la reflexión sobre la conciencia primordial, y en este pensamiento se articula el mundo externo: es el no-yo. El pensamiento se presenta a sí mismo aquello que le es extrínseco, y la percepción y apropiación de nuestro mundo de experiencias se define por esta autoconciencia. Ser humano, para Levinas, es tener la habilidad de separarnos del mundo, de reflexionar sobre nuestra propia conciencia. Este acto de contemplar nuestro *yo*, que nos distingue como seres perceptivos y sensitivos, es la base de nuestra humanidad. El *otro* se vuelve entonces el catalizador esencial del yo. La alteridad se establece solo en la no-reciprocidad de la relación, en lo «extranjero» del otro. En la separación *y* relación radicales con el otro, que se producen de manera simultánea, el sujeto se convierte en un «anfitrión» o, en el vocabulario que hemos estado usando, un verdadero *yo*. Este es un paso clave al erigir el esbozo ético de Levinas: el yo debe y puede existir solo en respuesta al otro.

El yo vive en una perspectiva continuamente contextual. De hecho, todos estamos juntos en el mundo. Recibo la sensación de cómo es mi propio ser a través de las respuestas de los otros; más aún, al llevar a cabo mis propios proyectos, inevitablemente entro en el mundo de los otros. En tanto que actividad intencional, la conciencia se hace *ser* a sí misma mediante los actos que elige ejecutar en el mundo. Así que antes del libre albedrío y la responsabilidad por uno mismo, debemos reconocer el mundo de los otros y nuestra relación con él. Esta autoconciencia es entonces el origen de la epistemología para Levinas. *Conocer* el mundo es ser autoconscientes de nuestro conocer; y para ser conscientes hemos de reconocer nuestras naturalezas separadas en tanto que yo y otro.

Para Levinas, el yo es realizado por la *relación*, por lo intersubjetivo en el ámbito social. Para definir el yo no nos basta con la voluntad de Nietzsche. En cierto sentido, el yo vital —el yo inconsciente y no-reflexivo, la voluntad nietzscheana— es solo un preludio para el yo que se reconoce a sí mismo mediante el otro. De acuerdo con este esquema, la relación ética de uno con el otro es anterior incluso a la relación con uno mismo o con la totalidad de cosas que llamamos el mundo. Encontrarse verdaderamente con alguien como un extraño, como algo desconocido e irreductible a nuestro yo, nos fuerza a colocar todo lo que *somos* en cuestión. Este encuentro es el desafío esencial de la identidad. Al reconocer el otro, el no-yo, nos reconocemos a nosotros mismos.

Ese descubrimiento no tiene una estructura ética determinada u obligatoria. ¿Por qué no limitarse a asesinar al otro? Es eso lo que ocurre demasiado a menudo. El siglo XX ha asistido a los mayores asesinatos en masa de la historia: el genocidio armenio, las purgas soviéticas, el holocausto judío, la revolución cultural china, la atrocidad de Camboya, la carnicería de Ruanda, etc. Levinas difícilmente podría decir que el estatuto de la otredad confiere *per se* alguna ventaja moral, especialmente si consideramos el horrible palmarés homicida de nuestros tiempos, donde ser un «otro» te convierte en candidato al olvido.

Incluso en contextos más civilizados, la flexibilidad de nuestros códigos morales es asombrosa. Las mismas cuestiones surgen en cualquier ámbito social que examinemos. Por ejemplo, en los negocios es habitual aprovecharse siempre que uno pueda. Admiramos al mercader astuto que compra barato y vende caro. Es la señal de un capitalismo robusto, pero la línea entre las buenas prácticas comerciales y la explotación se desdibuja a menudo, así que tenemos agencias de defensa del consumidor para proteger a los inocentes o a los ignorantes, que a menudo desconocen que se han convertido en víctimas. No hace falta buscar lejos más ejemplos. ¿Cuántas veces hacemos chistes racistas, o nos reímos a cuenta de una minoría? Ocultar fuentes de ingresos en la declaración de la renta parece el deporte nacional. ¿Y qué hay de las infracciones *triviales*, como cruzar la línea continua, olvidar devolver ese libro prestado... o mantener esperando al paciente para poder disfrutar de una segunda taza de café, o postergar la respuesta a la llamada de ese pesado de la habitación 11?

Levinas no es ningún Quijote, ni tampoco ingenuo. Mantiene que el comportamiento ético debe surgir de dos fuentes, una metafísica (cuya discusión pospondré hasta más tarde) y la otra social. La conducta moral resulta del reconocimiento de que el yo está esencialmente implicado en el mundo y es responsable de su devenir (el devenir propio y el del mundo). La responsabilidad ética hacia otros depende del reconocimiento de que, al actuar en el mundo, uno lo cambia inevitablemente, tanto para los otros como para uno mismo. De modo que el encuentro intersubjetivo proporciona una definición de uno mismo (lo que ya es un acto ético) y exige responder a un mundo que consiste ahora en un yo contextualizado.

Psicológicamente, el objetivo es persistir en el propio ser. La persona que mantiene la ilusión de ser solo un sujeto impide la posibilidad de interrelación o crecimiento a partir del contacto con otros, pues hay que reconocer que en tales encuentros también nos convertimos en objetos. Es en esta incesante implicación dialéctica mutua entre el *yo* y el *otro*, en la que uno se define por el otro, donde debemos perseguir nuestro propio proyecto. Todos somos sujetos y objetos.

En ese mundo de cuidados al que todos supuestamente aspiramos (lo cual es mucho suponer), el intercambio debería convertirse en una invitación y compromiso mutuo de respetar la subjetividad del otro y nuestras identidades respectivas. Levinas ha mostrado cómo habría que abordar ese proyecto: la alteridad (la otredad) engendra la personalidad a través de la responsabilidad. Este es el giro crucial presente en la noción de encuentro: el yo no se define simplemente por el otro, sino por su *responsabilidad* por el otro.

Esto nos lleva de nuevo a nuestra preocupación anterior sobre el sujeto vivo, lo que hemos llamado el yo. Si vivimos en el mundo de manera no reflexiva, no somos conscientes de nuestra individualidad. La provocación del pensamiento de Levinas reside en este sutil detalle: el yo no se vuelve hacia sí mismo (es decir, no se le fuerza a considerar su separación como ser) hasta que es confrontado por el otro. Y entonces ocurre un curioso reconocimiento, al percibir la extraordinaria riqueza y potencial de cada relación. La unicidad de cada encuentro deja su impronta en nosotros, y al contextualizarnos y salir de nosotros mismos hacia la relación, vemos nuestro propio reflejo en el otro. *Ver* al otro se convierte en un acto ético. Por qué esa flecha se dirige al bien antes que al mal es un asunto metafísico que dejaré para el último capítulo, pero de momento baste decir que en medicina esa estructura moral viene dada. *El cuidado empático está prescrito por el papel del profesional sanitario, quedando así establecido el vector ético.* No necesitamos preocuparnos por buscar la base de la relación ética de reconocimiento del otro: en el ámbito clínico esta ahí desde el primer momento. Solo necesitamos recordar ese hecho existencial.

5

Hacia una nueva ética médica

Gritaba. Llevaba gritando tres días. A veces solo gemía, pero por lo general aullaba. Los tumores se habían infiltrado en su cráneo. La radioterapia no podía ofrecerle ningún tratamiento más, y no podíamos hacer un bloqueo anestésico. Solo nos quedaban los narcóticos, y los fármacos no eran suficientes. Todo el mundo se quejaba pero no había nada que hacer.

Era medianoche y la Sra. Murphy, jefa de enfermería, me llamó aparte.

—¿Eres el residente responsable del Sr. Levenger?
—Sí.
—¿Qué vas a hacer con él?
—No sé que hacer. La prescripción de fármacos está ahí. Gotero de morfina para mantener el confort.
—¿Eso es todo?
—¿Qué más podemos hacer?

La Sra. Murphy dio la vuelta y se dirigió al armario de los narcóticos. Lo abrió con las llaves que siempre iban con ella. Llenó una je-

ringa, cerró la puerta y caminó por el pasillo hasta la habitación del Sr. Levenger. La puerta estaba cerrada y, cuando la abrió, el sonido en sordina se hizo de repente más claro y ruidoso. Luego se cerró la puerta. Cinco minutos después la Sra. Murphy salió y regresó a la estación.

—Mary, llama a la morgue, limpieza e ingresos. Y tú (dijo señalándome) será mejor que vayas a hacer el acta de defunción y llamar a la familia.

Y entonces se fue a la sala de enfermería para sentarse y fumar un cigarrillo. Tomó sus notas en la historia y escondió la cabeza entre las manos. Cuando fui a por la historia para escribir mi parte leí primero la de ella: «Se encontró al paciente apneico y sin pulso a las 12:12. Por orden facultativa no procede reanimación. Se avisa al médico».

Entonces escribí mis notas.

A menudo mi papel de comentador filosófico o histórico suscita comentarios del tipo «qué interesante», «fascinante», o alguna clase de gesto sin compromiso. Otros son menos caritativos. La presidenta del comité encargado del plan de estudios de nuestra Facultad, la doctora Q., me dijo hace poco que «Nuestros estudiantes no están interesados en la filosofía, que solo sirve para confundirles». Me siento cada vez más insatisfecho con esas salidas. Hay que tomarse la filosofía en serio, y mi frustración me ha hecho fantasear a veces con la idea de entregar camisetas a los estudiantes de primero: delante pondría en colores brillantes «La medicina *debe* hacerse filosófica» y por detrás colocaría una imagen de Locke, Hume, Kant o Nietzsche. Un mero gesto, sin duda, y bastante débil, no mucho más persuasivo o informativo que una de esas pegatinas que se ponen en la parte trasera del coche. Ya, vale. Pero la camiseta es solo la pista de lanzamiento de la visión, y luego mi imaginación echa a volar. ¡Revisemos el plan de estudios! ¡Lo primero será echar a la doctora Q. con todo su comité! Qué gran idea. Pero según prosigue mi ensoñación voy haciéndome cargo de ciertas realidades incómodas, la primera de las cuales es que tendría que sustituir también al vicedecano de Matrículas.

Tal vez la doctora Q. tenga razón; a nuestros estudiantes de medicina no les va la filosofía. Al fin y al cabo, han sido seleccionados para que funcionen de cierta manera. Así que deberíamos redefinir nuestras condiciones de matriculación. ¿Pero por qué quedarnos ahí? Necesitamos una reforma curricular. Si queremos candidatos con las cualidades intelectuales y humanas de un Juan XXIII o de un Martin Luther King, hay que animar a los estudiantes a que destaquen en el servicio a la comunidad y a que se apunten a cursos universitarios que estimulen su desarrollo intelectual. Ah, la tarea se va haciendo cada vez más ambiciosa, e imagino un fortalecimiento repentino de la actividad moral e intelectual, algo muy distinto a lo que domina hoy nuestros centros médicos. Mis sueños grandiosos acaban por desanimarme. Pero hay sensibilidades próximas que podrían fortalecerse. A esas me dirijo ahora.

Creo que todo médico ha de aprender las lecciones cruciales que otorga cierta perspectiva sobre los límites de nuestro lenguaje, así como el análisis de la lógica y la toma de decisiones médicas. Pero no me refiero simplemente a la formación o a una reforma curricular. Lo que defiendo es una toma de conciencia metafísica. La medicina ya es lo suficientemente científica y técnica; lo que le falta es la perspectiva que da el trato con sus mayores ambiciones humanistas. Lo que quiero decir es que los profesionales sanitarios deben comprometerse con una continua autoevaluación de su papel como cuidadores. Esta es una actividad moral y, como tal, es profundamente metafísica.

Es habitual hablar de la medicina como una empresa ética, cuya responsabilidad moral por el cuidado de los enfermos se complica debido a una ciencia que continuamente nos sorprende con su poder para curar y su sofisticación para analizar, llevándonos a tomar decisiones éticamente complejas. ¿Cuándo apagar los sistemas de soporte vital? ¿Qué derechos tienen las madres de alquiler? ¿Deberíamos modificar las células de nuestra línea germinal para prevenir enfermedades genéticas? ¿Cómo regulamos la donación de órganos? Por muy importantes que sean estas preguntas, aquí no me voy a ocupar con las particularidades de la ética médica. En cierto sentido, admito que no me interesa tanto la ética médica tal como se la suele entender. Pero sí estoy profundamente interesado en que la medicina se haga más conscientemente moral.

No es ninguna sorpresa que el campo de la ética médica haya crecido hasta dominar las discusiones sobre las cuestiones morales de la medicina. Al fin y al cabo, con los desafíos planteados por cada avance técnico y las aplicaciones potenciales de la biología molecular, nos enfrentamos continuamente a nuevos desafíos éticos. En esta encrucijada de cambios hemos asistido al nacimiento como especialidad de la ética médica, una disciplina con conocimientos *[expertise]* y responsabilidades propias. Las cuestiones que estudian los especialistas en ética médica, y que en su mayor parte resuelven satisfactoriamente, exigen ciertamente una respuesta. Necesitamos gente que lidie con esos temas y de ninguna manera quisiera denigrarles a ellos o a sus esfuerzos. Nos beneficiamos de sus enseñanzas. Pero, en otro sentido, veo los especialistas en ética como parte de una crisis mayor en la medicina y no necesariamente como su solución, al menos en su forma presente. El problema al que me refiero puede verse claramente en el hecho mismo de que la «ética médica» se haya convertido en una especialidad de expertos.

En la profesionalización de esta disciplina hemos asistido al desarrollo de un lenguaje altamente especializado y de un sistema de incentivos para quienes la practican, al igual que en cualquier otro campo académico. Tal vez no debería sorprendernos, pero cuando hace poco leí algo acerca del Tercer Campeonato Interuniversitario de Ética (Third Inter-Collegiate Ethics Bowl) debo admitir que al principio no me lo podía creer. En el encuentro anual correspondiente a 1997 de la Association for Practical and Professional Ethics, catorce equipos representando a varios *colleges* y universidades respondieron a preguntas generales sobre ética profesional y moralidad pública. Según parece, *ganó* la Universidad de Montana. ¿Cómo se *gana* un concurso de ética? ¿Qué serviría como normativa para juzgarlo, la recientemente publicada *Encyclopedia of Applied Ethics?* ¿Deberíamos tener campeonatos especializados en ética médica? Seguramente, y entonces habrá que pasar de las bromas a las veras: al final, sin duda, habrá tribunales especiales de ética médica, con exámenes tipo test y todo. Al final tendremos un mecanismo para certificar si uno es un Rey Filósofo de los de Platón. Me quito el sombrero.

Todos los profesionales sanitarios deben convertirse en especialistas en ética. Como médico, creo que todos nosotros debemos ser conscientes de nuestras obligaciones (y oportunidades) morales para cuidar a los enfermos. La ética en medicina siempre ha sido algo que se daba por supuesto. Ahora se ha convertido explícitamente en un «problema», pero no únicamente en el restringido modo de entenderla que tienen los expertos en ética médica. Tenemos que darnos cuenta de que, al formar jóvenes profesionales sanitarios, el mero conocimiento de algún tema de ética médica como el del consentimiento informado no es suficiente para ser capaces de discutirlo efectivamente con un paciente. Y que la formación en ética médica tampoco garantiza por sí sola un cuidado humano al servicio de los fines morales y médicos. Mi solución, en la medida en que me atrevo a formular una, es que la medicina no debe *pegar* la ética a su práctica o a su ciencia, sino que debe reconocer que la ética domina toda su actividad. La medicina es fundamentalmente ética y debería ser reconocida como tal. Desgraciadamente, los especialistas en ética médica no suelen opinar lo mismo. Por ejemplo, en *Ethical Decisions in Medicine* Howard Brody dice que «la ética médica no es una rama de la medicina, sino una rama de la ética». Así de sencillo, y con ello segrega la ética como una disciplina aplicada y perpetúa la artificiosa separación entre la medicina clínica y la ética que le es propia. *El problema es considerar a la ética como algo periférico a la medicina, y su solución está en integrar totalmente la práctica clínica con su correspondiente filosofía moral.*

Soy escéptico acerca de las posibilidades de transmitir la sensibilidad moral por medio de la enseñanza, porque aquella no solo requiere conocer la ética médica, sino también una actitud compasiva hacia los que sufren. Podríamos hacer un intento deliberado de seleccionar cuidadosamente a los individuos que tengan la sensibilidad y madurez necesarias, y formarlos para que potencien esas facultades. Mucho se lograría si reforzásemos esos rasgos de carácter que por lo normal quedan en segundo plano. ¿Podemos priorizar el cuidado *humano* del enfermo y enseñar cómo hacerlo en las aulas, en la clínica y en la asistencia primaria? No soy muy optimista. No hay una solución real de este tipo, porque estamos nadando en contra de una poderosa marea social. Antes que yo, otros médicos (como Seymour Flick en una pieza de 1981 en el *New England Journal of Medicine)* y filósofos (como David Roochnik en su *Philosophy in Context* de 1987) han comentado que los profesionales reflejan en gran parte la sociedad que les ha formado y en la que han absorbido sus valores. Al exhibir una cierta identidad cultural, los jóvenes estudiantes de medicina o enfermería asumen actitudes morales bien establecidas, y que han tomado de diversas fuentes: la familia, la escuela, la comunidad religiosa y, lo que tal vez sea lo más influyente, la cultura en general. Una ética como la que propongo no puede enseñarse a los adultos como algo forzoso u obligatorio, aunque podemos reforzar algunas inclinaciones éticas que sí pueden cultivarse hasta llegar a florecer. Pero al final debemos esperar y confiar en la selección efectuada por las exigencias de la vocación médica más allá de lo educativo. Y, como guardianes, debemos elegir aquellos que reconocen la crisis en que vivimos como un desafío profundamente moral. Inmersos en nuestro propio tiempo, no veo con claridad cómo se desarrollará el drama social que hemos descrito anteriormente. Quizá las fuerzas que ostensiblemente llevan a la medicina en una dirección puedan ser neutralizadas efectivamente por quienes se comprometan con otro ideal. Así lo espero, y en este ensayo he intentado explicitar claramente esa opción.

Tal vez esta cuestión de situar la ética en la medicina no sea tan nueva. En cierto sentido, siempre hemos tenido los ingredientes entre nosotros. La medicina está firmemente alojada en dos ámbitos: el moral (qué es lo correcto) y el epistemológico (cómo sabemos lo que creemos saber). Esto quiere decir que la compleja empresa que llamamos medicina está compuesta de dos clases de actividades, dos modos de pensamiento y acción diferentes pero obviamente conectados. La medicina se arroga la legitimidad epistemológica de la ciencia, y la asistencia clínica moderna se mide habitualmente como si lo fuera. El crecimiento de la medicina científica en el siglo XIX y su culminación en el XX representan un gran triunfo de los ideales científicos y de las promesas de su método. La medicina moderna es *la* gran beneficiaria de la ciencia, o una de las mayores.

Aunque la ciencia ha dominado muchos ámbitos de la medicina, hay en ella una cuestión más antigua, que es el cuidado del paciente. A eso me refiero como su dimensión moral, y es ahí donde reside el compromiso más profundo de la medicina. Como actividad moral, la medicina *emplea* la ciencia para sus propósitos. Pero no confundamos el orden de las acciones: lo moral precede a lo epistemológico. La raíz de nuestra actual confusión es que no entendemos esto, que no se reconoce la preeminencia de lo ético sobre lo epistemológico. Pero eso no quiere decir que haya una contradicción inherente entre ser científico y ser compasivo. La tecnología está al servicio de las necesidades humanas, o así debería ser al menos. Es absurdo hablar de la «tecnología desatada». Somos *nosotros* quienes decidimos sobre el uso de máquinas y fármacos, y es nuestra voz colectiva la que determina cómo usaremos los productos de la investigación científica. Como escribió C. S. Lewis en *The Abolition of Man* (1947), «Lo que llamamos el poder del hombre sobre la naturaleza resulta ser un poder de algunos hombres sobre otros, con la naturaleza como instrumento». Lo que yo y Lewis decimos es que debemos decidir deliberadamente el carácter de ese uso. La tecnología no es moral o inmoral en sí misma; solo la gente lo es.

Podemos entender mejor este asunto central si abordamos desde la epistemología esta relación de la ética con la medicina como ciencia. Naturalmente, la medicina está construida desde los dos ámbitos y, lo que es más, la suma de ambos tampoco puede categorizar una actividad tan compleja como la medicina. La relación entre ética y epistemología no está fijada, y cada una de esas actividades está condicionada por la otra; pero lo que propongo es una filosofía que no esté basada en la epistemología de la medicina, sino en su ética. En pocas palabras, invito a reflexionar sobre la posibilidad de que la ética sea *la* prioridad para la filosofía de la medicina.

Vuelvo a plantear la cuestión principal: el desafío filosófico esencial de la medicina moderna es cómo conseguir que vaya más allá de la ciencia y la tecnología en su preocupación por la humanidad. Obviamente, los médicos están comprometidos con la verdad y con la racionalidad terapéutica, pero el problema es cómo poner la ciencia en el lugar que le corresponde. El origen de nuestra situación moderna puede remontarse al siglo XVII, cuando el estudio del cuerpo humano trajo consigo una objetivación de nosotros mismos como objetos de investigación científica. Como expliqué en el capítulo 1, este proyecto se completó conceptualmente a lo largo del siglo XIX, cuando la medicina triunfó en su búsqueda de objetividad científica. Ese era el programa de los médicos parisinos que trataban de relacionar la patología anatómica con el estudio clínico de las enfermedades, y también lo fue para los fisiólogos alemanes que proclamaron su proyecto reduccionista para purgar la fisiología y la medicina de cualquier vestigio de vitalismo. Los procesos vitales se reducirían a la física y química más elementales. Las ventajas eran evidentes por sí mismas, y el actual poder de la bioquímica y la biología molecular es el resultado de este enfoque.

Pero hay otra cuestión urgente que abordar: la enfermedad deshumaniza. El yo queda dañado, y la tarea es entonces restaurar el pleno sentido de la identidad del paciente. Al científico médico puede bastarle con el «paciente como enfermedad», pero el médico cuidador se guía por su reconocimiento de la persona sufriente como un todo. El análisis del encuentro médico debe basarse en una visión del paciente no como un «caso», una entidad enferma, sino como un individuo que siente, experimenta y sufre. Estar enfermo altera nuestra propia identidad, cambiando fundamentalmente la relación con nuestro propio cuerpo. El enfermo pierde libertad a causa de su dolencia. Que para recuperarse haya que depender de otros, y la consiguiente pérdida de libertad, resultan en una mayor vulnerabilidad y en un debilitamiento de la imagen propia. Debemos adoptar una ética médica que reconozca como primer principio la humanidad del enfermo.

Ahora bien, cualquiera que tenga una mínima familiaridad con estos temas sabe que este juicio no es nada nuevo. Pero lo que quiero plantear no es que hayamos fallado en nuestro reconocimiento del problema de la humanización o en cómo construir una ética que lo corrija, sino *por qué* tenemos tantas dificultades para manejar efectivamente esta crisis moral. Si estamos esencialmente de acuerdo en que una medicina tecnocrática es deshumanizadora, y que lo es más precisamente en el momento en que un paciente más necesita cuidados humanos, entonces ¿por qué no hemos *arreglado* el problema? Creo que porque primero tenemos que identificar propiamente lo que está en juego.

Cometemos un pernicioso error categorial al no distinguir la medicina de las ciencias que la apoyan, que son un componente crítico de la misión de la medicina, pero no los únicos medios a su disposición. Pecamos de arrogancia *[hubris]* cuando confundimos el enorme crecimiento de la medicina científica con la medicina en general, pensando por un lado que la enfermedad *es* simplemente una perturbación físico-química, y disminuyendo por el otro la misión cuidadora de la medicina. Con los logros científicos de la biología y la química aplicadas, el *ethos* fundamental de la medicina fue usurpado en gran parte por otro ideal, la reducción de la enfermedad al gen o a cualquier otro elemento que lo sustituya. El paciente se convirtió en un objeto científico y se alteró fundamentalmente la relación ética entre el sanador y el individuo necesitado.

—*Ayer vi un gran caso.*
—*¿Sí?*
—*Llega un tipo con fatiga, sin más. Lo examino. Y tenía unas rayitas muy finas bajo las uñas.*
—*¿Sí?*
—*Pues sí. Tenía hemorragia subungueal y murmullo cardíaco. ¡El muy capullo tenía endocarditis!*
—*¡Genial! ¿Qué hizo el doctor Meier?*
—*¡Se puso como una moto! Le estamos haciendo un montón de análisis y los de Epidemiología le verán esta tarde. Qué fuerte, tío.*

Aunque sea por buenos y honestos motivos, es muy fácil reducir al paciente a un objeto de interés. Pero al final lo que necesitamos es una ciencia clínica que trate a *personas,* no enfermedades. Para contrarrestar lo que podría llamarse «objetivación radical» tenemos que reinstalar deliberadamente la ética como algo central en la teoría y práctica médicas. No un apéndice ni una rama entre otras; la ética debe situarse en el centro y dirigir a las ciencias médicas que la rodean. En pocas palabras, nuestra prioridad debe ser concentrarnos en el mandato moral original de la medicina.

¿Cómo lo hacemos? No sirve reafirmar los principios éticos que han dominado la discusión durante los últimos años. Hemos estado tan ocupados estableciendo los parámetros del respeto a la autonomía del paciente mediante constricciones o recomendaciones que pueden describirse en general como judiciales o jurídicas, que hemos desatendido la base filosófica de la relación ética entre médico y paciente. Como me dijo una vez mi colega David Roochnik, «Necesitamos ética... pero lo único que tenemos es autonomía, y con eso no basta». Los médicos, al identificarse tanto con su rol de científicos o tecnócratas, han perdido su anclaje ético fundamental. Hay muchos tan alienados respecto de los pacientes que para ejercer éticamente necesitan consejo, directivas, órdenes y responsabilidades compartidas. Naturalmente, hay casos complejos en los que el asesoramiento jurídico es esencial, pero muy a menudo esa dependencia de otros para el consejo ético refleja una pérdida de las intuiciones básicas acerca del cuidado.

El estado nos pide que hagamos unos cursos de gestión del riesgo en los que los abogados nos dan la clase. La comunidad médica adopta estos presuntos remedios en parte como estrategia defensiva ante una opinión pública resentida y hostil que busca resarcirse económicamente (y con razón) por los daños y perjuicios sufridos, pero que en el fondo busca expresar su insatisfacción con la naturaleza misma de la práctica médica. Cuando comencé mi carrera hace 25 años, los juicios por negligencia eran algo raro. ¿Por qué? No porque los médicos fueran más diligentes o competentes técnicamente. La razón básica es que los pacientes confiaban y respetaban a sus médicos, y si las cosas salían mal había una confianza implícita y razonable que permitía entender que el médico lo había hecho lo mejor que había podido pero que a veces pasan cosas malas. La medicina ha quedado atrapada en la obsesión de la sociedad contemporánea por las denuncias y los litigios, pero el médico podía haber quedado inmune. Algo profundamente perturbador rompió la confianza pública. Busco el germen responsable en la confusión sobre la misión de la medicina.

Los signos son obvios para todo el mundo. A los médicos no se les enseña ética, sino jurisprudencia médica. El contexto de la jurisprudencia es inevitablemente agonista: tribunales y litigios. Nuestros estudiantes y residentes se apuntan a clases de ética médica, pero lo que reciben en realidad es derecho sanitario. La ética médica se ha convertido en una asignatura entre otras muchas de la Facultad de Medicina, y una etiqueta más en la industria médica. Como cualquier industria en nuestra sociedad, necesita una cuidadosa gobernanza para proteger a los consumidores. Como los pacientes ya no confían en sus médicos como hace una generación, los médicos han perdido buena parte de su autonomía profesional. Los médicos (y también los profesionales de enfermería y otros trabajadores sanitarios) deben conocer las posibles sanciones a que se enfrentan, las medidas administrativas que pueden adoptar para protegerse (protegerse, sí) y los límites legales de las instituciones donde trabajan. He sido torturado durante todo un día con seminarios dedicados a estas cuestiones, y asistí no porque pensase que la actividad fuera intrínsecamente valiosa, o porque la lección fuese didáctica o eficiente, o porque estuviera en un aprieto o ansioso ante los posibles desafíos, sino porque me obligaron a ello, como parte de las obligaciones de mi unidad en el hospital. Me irritaban esas «soluciones» que solo eran parte del problema. Más allá de las repercusiones sociales y económicas de los cambios experimentados por la medicina moderna, tenemos la relación entre paciente y cuidador completamente alterada. Asistir a esas clases proporcionaba un vívido recordatorio de la magnitud de nuestro desastre moral.

En muchos aspectos, es bueno que el médico-dios desaparezca de nuestra memoria colectiva, pero ¿con qué otro modelo lo hemos reemplazado? No olvidemos que el poder del médico, con todos los peligros que conlleva, aún estaba asociado con su responsabilidad. Si ahora el médico va a compartir su responsabilidad con otros miembros del complejo sanitario, ¿qué le queda como base de su compromiso moral y cómo va a definirlo? Tradicionalmente, se creía que los médicos tenían una responsabilidad fiduciaria hacia sus pacientes.

La ley define al fiduciario como una persona a la que se le confía un poder o propiedad para que lo use en beneficio de un tercero, y de la que se espera legalmente que se comporte según los más estrictos criterios de conducta. Pero, como hace notar Marc Rodwin, aunque los médicos se comportan casi como fiduciarios y así tienden a presentarse en sus códigos éticos, hoy la ley solo les considera como tales en situaciones restringidas. Que «fiduciario» sea hoy una metáfora de poco uso en la relación médico-paciente es una revelación sorprendente, para mí al menos. Aunque la relación asistencial presupone la confianza en los médicos para que actúen en beneficio de los pacientes, los principios fiduciarios se han aplicado apenas a propósitos muy limitados: los médicos no pueden abandonar a sus pacientes, deben mantener la confidencialidad de la información clínica, y deben revelar a sus pacientes cualquier interés económico que tengan en una investigación clínica. Como explica Rodwin, la ambigüedad surge porque no hay un equivalente médico de la prohibición de conflictos de interés que existe para la mayoría de los fiduciarios. El derecho podría dictaminar si los médicos se apartan de los criterios fiduciarios estándar, si existieran esos criterios; pero no los hay. El derecho solo proporciona criterios fiduciarios mediante los casos de negligencia y mala práctica, que se centran en la competencia técnica del médico [...] sin prestar apenas atención a las responsabilidades fiduciarias. En general, los casos de negligencia ignoran las cuestiones fiduciarias tradicionales («Strains in the Fiduciary Metaphor»).

Me parece elocuente que el recurso legal de los pacientes se canalice casi siempre mediante cargos de negligencia y no por la responsabilidad fiduciaria, porque esto revela que la ley reconoce la debilidad de la responsabilidad moral como *ethos* rector de la relación médico-paciente. Dicho en términos simples, a los médicos no se les responsabiliza de otra cosa que no sea su capacidad técnica de acuerdo con los criterios que establezca la comunidad. Y eso, que tiene una importancia crítica para la práctica, es muy poco adecuado como código moral. El modelo jurídico de la negligencia, defensivo y litigante, es una muestra clara de este fracaso.

Teniendo en cuenta la creciente institucionalización de la medicina, los médicos tendrán cada vez más dividida su lealtad al actuar como guardianes que racionan los recursos sanitarios para beneficio de los contribuyentes, los seguros, el gobierno y la sociedad en general. Sus tareas incluyen limitar los volantes para el especialista, certificar la posesión de discapacidades con derecho a compensación económica, decidir el ingreso hospitalario o en urgencias según criterios clínicos que van más allá de la necesidad médica. Los auditores de calidad están creando protocolos para establecer los parámetros de la atención médica; el «tercer pagador» establece qué servicios se proporcionan, bajo qué criterios de cuidado, y cómo se reembolsan. Lo que los médicos hagan clínicamente se ha convertido en un complejo cálculo de ponderación entre los beneficios para el paciente y los objetivos y la eficiencia de una nebulosa de organizaciones sanitarias. Como observa Rodwin, y yo lo lamento, los pacientes son solo «una de las muchas partes que pueden reclamar la lealtad del médico, y no la más fuerte». La misma estructura de lo que podría llamarse el complejo industrial médico está tan determinada por su economía que los médicos en realidad están cautivos de fuerzas que actúan entre ellos y sus pacientes.

Este asunto legal tan complejo tiene un alambicado aspecto social y económico, pero en última instancia es un reflejo del asunto ético de fondo que nos ocupa, y está subordinado a él. La aplicabilidad limitada de la función fiduciaria del médico delata el dilema en el que nos encontramos. La restricción de la responsabilidad ilustra dos rasgos cardinales de nuestro sistema médico: 1) su dependencia en la autonomía legal del paciente, su responsabilidad por sí mismo, y 2) la lealtad dividida en la responsabilidad del médico. El resultado es el mismo a pesar de los diferentes orígenes de las fuerzas sociales: la ciencia positiva «objetiviza» la enfermedad hasta el punto de reducir los pacientes a «casos» y tratarles como objetos de investigación; las organizaciones sanitarias sacrifican el cuidado humano integral a la eficiencia y los beneficios. La ciencia y la tecnología han usurpado el *ethos* tradicional y nutricio de la medicina, y la economía de nuestro sistema sanitario ha reforzado la «objetivación» del paciente. Cada uno reduce el paciente a un objeto: unos a una curiosidad científica, otros a una entidad que hay que atraer y luego gestionar con eficiencia. En ambos contextos, la autonomía está al servicio de estos dos programas, aunque sea en diferente guisa, ayudándoles a renunciar a una ética más incluyente.

Sostengo que la medicina debe regresar a su programa anterior y reorientarse radicalmente hacia su mandato moral definitorio: la *interacción* entre médico y paciente, la base del arte de curar en todas las culturas. Por supuesto que la ciencia y la tecnología, aunque estén preocupadas con otras cosas, pueden entrar en juego, pero deben estar subordinadas a la medicina en su empeño por poner la relación entre paciente y cuidador en el centro de su praxis. Habrá que resolver las constricciones económicas, pero tal vez nuestro sistema actual se haya vuelto demasiado restrictivo y requiera ahora una reevaluación radical con el fin de dar a los médicos más autoridad y espacio de maniobra. No puedo abordar las particularidades de cada caso y he de contentarme con el planteamiento filosófico, pero confío que una apreciación consciente de estos temas ayudará a clarificar nuestra perplejidad y a priorizar algunas soluciones prácticas. Ahora pasaré a ese proyecto moral.

Mucho se ha escrito sobre cómo la medicina humanista contempla al paciente en su integridad y sobre el flaco servicio que se le hace en un entorno despersonalizador. Son legión las descripciones del malestar que los pacientes soportan en la clínica y el hospital. Lo veo todos los días. Pero no sabemos qué hacer. Cuando hablo con colegas, con mis pares y con médicos más jóvenes, la respuesta habitual es que estamos sujetos a fuerzas económicas que escapan a nuestro control, que el doble esfuerzo de sobrevivir profesionalmente y de servir lo mejor posible a nuestros pacientes requiere una gran habilidad para los malabarismos. Los médicos están descorazonados y cunde la desilusión sobre la posibilidad de cambiar las cosas. Sin apenas capacidad de actuar, cada vez es menor la posibilidad de que podamos alterar el sistema. Como empleados, ya no tenemos mucho que decir en las decisiones claves de gestión. Si lo añadimos al *ethos* científico que he descrito, a pesar de un genuino deseo de «hacer bien» que aún creo que es general, el médico de hoy está en malas condiciones para practicar la medicina de manera humanista. Por eso hay mucha discusión sobre la humanización de la medicina pero muy pocos detalles para su implementación. De la frustración pasamos rápidamente a la indiferencia. Algunos de mis colegas se han unido al «enemigo» y ahora están en la administración; otros se han prejubilado; unos pocos, como yo, hacemos comentarios en público; pero la gran mayoría siguen ahí, decepcionados o enfadados porque la promesa de la medicina no se está haciendo realidad en un país de tanta riqueza y prosperidad.

A pesar de las corrientes profundas que han influido en nuestra caída del fervor moral, creo que el paciente puede volver a ser el verdadero objeto íntegro de responsabilidad. Nadie está poniendo en duda que el médico sea responsable científica y económicamente, pero tras asegurar esas funciones habría que insistir en la demanda más fundamental: debe actuar como agente moral. Ahora bien, es importante aclarar esto: no estoy proponiendo un retorno al paternalismo. La pericia del médico no le otorga superioridad moral o política. Pero, al mismo tiempo, tampoco hay paridad entre los roles del enfermo y del cuidador. Es responsabilidad moral del médico ejercer sus mayores conocimientos para intentar restaurar la autonomía del paciente; esto es muy distinto a decir que el doctor manda en esa relación. Así que proponer una «filosofía relacional» no significa que esa relación sea simétrica. El miedo a perder nuestra autonomía nos hace estar alerta a cualquier infracción, pero estar enfermo ya supone que nuestra identidad ha sido amenazada. El paciente, entonces, entra en una relación con el cuidador en la que este no es un igual, pero lo hace con la esperanza de recuperar su autonomía e igualdad.

Desde esta perspectiva podemos preguntarnos ahora dónde queda la medicina ética dentro de este panorama de ciencia reduccionista y orientación a la eficiencia mercantil. ¿Cómo podría una medicina dominada científicamente incorporar de manera integral y eficaz la posición ética como algo fundamental en la práctica?

Si uno postula que la relación entre médico y paciente ha sido herida de gravedad, ¿cómo entender que esa relación sea ahora el fundamento, con qué bases? En pocas palabras, ¿cómo podemos fundamentar la filosofía de la medicina en esa relación? Sostengo que si aceptásemos la centralidad de una filosofía moral relacional dentro de la medicina tendríamos una propuesta radical y de gran alcance potencial. Pues argumentar que la medicina tiene una metafísica ética supone primero que la base misma de la medicina reside en encontrar y defender su propia filosofía en el contexto del cuidado del paciente, no en la ciencia o en las necesidades económicas.

La llamada del otro

¡De Locke a Levinas! ¿Cómo podríamos comenzar a completar una filosofía de la medicina con semejante recorrido? Creo que esa es precisamente la tensión sobre la que erigirla. El conflicto comienza de hecho en su punto en común: el yo. Ambas intentan identificar las bases de la unidad del yo y refutar los intentos de renunciar a algo así. Este es un principio compartido crucial, especialmente ahora que la legitimidad misma de la identidad se ha vuelto muy problemática. Las implicaciones son de gran calado para *cualquier* ética, pues un agente responsable debe ser un *yo,* una integridad existencial, para participar en cualquier diálogo ético.

Debemos encontrar una síntesis para la empresa ética en un dipolo que alberga dos posturas distintas aunque con puntos de contacto. En el primer polo tenemos el agente autónomo. Esta es la visión de la identidad más extendida, trenzada a partir de una densa matriz de ideas sobre la autonomía y la autosuficiencia individual, que se encuentran en la base de mucha filosofía bioética. En el polo opuesto se encuentra el aspecto relacional del yo, la «otredad» de la responsabilidad. Lo más obvio e importante que hay que decir aquí es que en medicina desaparece el «problema» (entre comillas) del otro. Asumiendo la postura de Levinas, adoptamos una identidad en el encuentro mutuo *con* el otro. Desde esta perspectiva humana, una autonomía sin límites es señal de irresponsabilidad. Hay contextos en los que el otro es el despreciado, el marginado, el desprestigiado. La alteridad del otro se ve como algo peyorativo, como reflejo de los límites prácticos de la ética de Levinas. Pero el otro también puede existir como un atributo, como una oportunidad atractiva, como una maravilla. Una vez la medicina se pone en marcha, la naturaleza del otro ya queda elucidada. Porque sí, por decreto, por aceptarlo así, el otro en tanto que paciente se define en última instancia por la responsabilidad ética asumida por el cuidador. Médicos y enfermeros están comprometidos en principio con el cuidado del paciente, y en este sentido fundamental todo profesional sanitario queda definido por esa responsabilidad. Así, cuando los críticos reprochan a Levinas su incapacidad de lidiar con la posibilidad de que el otro sea malo, en el ámbito de la medicina no tienen mucho que hacer. En el escenario médico el otro viene dado como el objeto de atención y cuidados. Su carácter moral, bueno o malo, queda fuera de la cuestión.

De las muchas historias sobre la 2.ª Guerra Mundial que mi padre solía contarnos, el dilema moral con el que más se debatía era el caso del oficial húngaro al que atendió antes de que los judíos de Budapest fueran sometidos al terror de la deportación y los campos de concentración. El hombre necesitaba cirugía con urgencia y mi padre efectuó la operación sin complicaciones, salvándole la vida al gentil. A pesar de ser consciente del compromiso político de su paciente, y de su posible rol en el tormento de los judíos, mi padre no dudó en atenderle con lo mejor de su capacidad profesional.

Poco después, ese paciente dirigió una redada en la que cayeron varios compatriotas de mi padre, asesinando personalmente a varios de ellos. Era el líder de una banda de fascistas húngaros que buscaban a judíos que aún no hubieran entrado en los trenes de la muerte para despacharlos en el Danubio con una bala en la cabeza. Atormentado por la situación, mi padre explicaba que no tenía opción... su moral no le dejaba otra. Era obvia su angustia; esa certidumbre suya no nos convencía. Yo solo escuchaba.

La ética de Levinas proporciona una manera de ver las cosas en la que lo importante ya no es el paciente por sí solo, el sujeto autónomo, sino la relación del paciente con el médico. Y en este cambio se nos ofrece una nueva perspectiva, donde la ética médica redefine los términos en los que podemos construir una filosofía de la medicina. Los médicos y enfermeros visten de blanco, lo que proporciona un interesante contraste con el sacerdocio: opuestos pero al mismo tiempo semejantes. Los médicos como sacerdotes de la curación, vestidos de blanco, que han oído la llamada a convertirse en cuidadores. Asumir esta vocación, esta responsabilidad, forma su carácter existencial. De hecho, *son* definidos por su otro: por el paciente. En lo básico, para el cuidador no hay elección: su vocación es definición ética.

Aprendí esta lección muy joven y en circunstancias especiales. Mi padre era mi médico. Su padre había muerto en la 1.ª Guerra Mundial, cuando el mío solo tenía 18 meses. Mi abuelo solo le vio una vez, un momento en la estación de tren camino del frente ruso. Nadie supo si lo mataron o fue capturado y llevado a Siberia. Mi padre se aseguraba de que yo siempre supiese dónde estaba y quién era él.

Solía bromear diciendo que recibí mi formación médica gratis. Yo no le veía la gracia. Me ponía inyecciones de penicilina y me limpiaba las heridas recibidas en las «batallas» tras jugar a la guerra en la calle. A los cinco años, cuando necesité que me extirpasen las amígdalas, insistí en que fuese él quien realizase la operación; solo años después reconoció que había sido otro cirujano quien lo hizo. Cuando me fracturé la muñeca me colocó los huesos en su sitio, y cuando tuve hepatitis supervisó mis cuidados. Nunca dudé de su pericia, confiaba en él por completo. Para mí es lo más natural pensar en la medicina como algo esencialmente relacional; después de todo, mi médico era mi padre. Pero me parece que esta relación primaria puede universalizarse en la medicina, y de hecho así ocurre.

La portada elegida para este libro es The Doctor*, un cuadro de sir Luke Fildes. Este drama pastoral victoriano nos muestra un médico rural sentado contemplativamente junto a la cabecera de un niño enfermo, cuyos padres miran con miedo y consternación. Al retratar la realidad médica de ese momento justo antes de la explosión de la medicina científica, la evocación de Fildes del médico empático, impotente ante los estragos de la naturaleza pero aún así testarudamente comprometido con su joven paciente, es tanto un reflejo de la sentimentalidad de la época como un claro planteamiento de la relación ética del médico con su cargo. El cuadro se hizo enormemente popular y fue copiado como un grabado en acero en 1893 por Thomas Agnew e Hijos, y hace muchos años adquirí la última copia de* *ese original impreso en la editorial londinense. Hoy cuelga en la pared de mi estudio. Tengo una larga relación personal con ese cuadro. Una empresa farmacéutica había distribuido copias en color entre las consultas médicas, y mi padre tenía una que a mí me encantaba estudiar. Sabedor de mi apego por esa litografía que colgaba en su sala de espera, me regaló una pequeña reproducción en tres dimensiones de la escena, por cortesía de la misma farmacéutica. Permaneció en mi mesilla de noche durante años y contemplaba su* pathos *a menudo. El cuadro hoy sigue ocupando un lugar importante en la Tate Gallery de Londres, y creo que llama la atención no tanto por su gran tamaño y efectivo realismo, sino porque Fildes capturó una relación humana que viene de tiempo inmemorial y a cuyo retrato respondemos instintivamente. El cuadro es una poderosa imagen de mi propia filosofía de la medicina: no la postura de un médico impotente mirando la implacable destrucción de la naturaleza, sino la del médico como testigo empático.*

Habiendo dicho todo esto, ¿cómo podemos situar la ética médica? Más específicamente, ¿cómo podemos fundamentar las exigencias particulares de la ética médica en esta filosofía más general? La pregunta entonces se vuelve en la siguiente: ¿A qué se parecería la filosofía de la medicina si se basase, *à la Levinas*, en la Ética en lugar de, digamos, la Verdad? A propósito de la relación entre la ética y la epistemología, y también la de ambas con la metafísica, podríamos recordar el juego infantil «piedra, papel, tijeras». Los dos jugadores enseñan a la vez el puño, la palma abierta o dos dedos de la mano. El puño, que simboliza la piedra, rompe las tijeras, representadas por los dos dedos; pero el papel, la palma abierta, envuelve la piedra; y las tijeras cortan el papel. Ni la piedra ni el papel ni las tijeras son inherentemente superiores a los demás: cada uno tiene su relación con los otros. De manera análoga, podemos explorar la posición de la ética en relación a otros ámbitos de la filosofía de la medicina. Un proyecto ambicioso —y que a mi juicio merece la pena— podría ser examinar una filosofía de la medicina no basada en la epistemología, sino en la ética. Dicho simplemente, habría que considerar el caso de una ética previa a la verdad, y sus consecuencias para la filosofía de la medicina.

Uno podría preguntar, y con razón: Bien, pero ¿qué implicaciones prácticas tiene ese giro filosófico? Si esta propuesta establece un marco para promover la interacción humana entre paciente y profesional sanitario, ¿cómo quedarían afectadas cuestiones particulares de ética médica como la experimentación con humanos, el cuidado de los enfermos terminales, los criterios para las tecnologías reproductivas, etc.? La validez de mi enfoque ha de ser comprobada en esos asuntos particulares, pero recuérdese cómo en el capítulo anterior distinguimos dos clases de ética médica: 1) la ética aplicada, que toma sus materiales de la jurisprudencia, la toma de decisiones política, las costumbres sociales, o las preocupaciones de la economía y la ética, y 2) la filosofía moral fundamental, que formula la ética de arriba abajo a partir de ciertos principios. Es este segundo enfoque el que he adoptado. La filosofía relacional aquí esbozada, sostengo, debería servir como base para toda la práctica médica, pues la necesidad de activar la conciencia moral me parece la mayor de las prioridades, ahora que reconocemos que la relación médico-paciente está en su peor momento. Aquí debe situarse mi argumento. Si podemos hacer explícito el carácter moral propio del cuidador, entonces confío que se aclararán los problemas clínicos particulares que requieren decisiones morales.

Así que en lugar de embrollarnos en ejemplos de casos particulares, como podría serlo el tema del suicidio médicamente asistido, prefiero plantear la pregunta fundamental: ¿es la ética médica que propongo un auxiliar de la educación y la práctica médica, o puede convertirse en el centro de atención? Después de todo, la ética médica, incluso en su forma más aplicada, no ocupa un lugar muy importante en la educación médica contemporánea. Como hemos visto, la erosión de la preocupación primaria por la ética humana puede remontarse al final del siglo XIX, cuando la fisiología y su pariente cercano, la medicina, se subieron a los anchos hombros del nuevo positivismo. Este nuevo criterio de conocimiento consistía en aplicar la ciencia natural objetiva a la fisiología y la salud; el observador debería distanciarse lo más posible del objeto de escrutinio. Como se explicó en el capítulo 1, el tremendo cambio que se dio en la educación médica norteamericana a finales de ese siglo fue presentado por el *establishment* médico como la lucha entre el ideal reduccionista de medicina basada en el laboratorio y la vieja medicina descriptiva y acientífica. La educación médica universitaria dominó y consiguió acabar con sus adversarios clínicos (homeópatas, quiroprácticos, herbolarios y otros practicantes «alternativos»). Las consecuencias de esta revolución han sido de gran alcance conceptual, pero tal vez con consecuencias morales no previstas. A pesar de la fuerza acumulada por el *ethos* positivista, todavía estamos a tiempo de corregir el rumbo.

El enfoque positivista dominante no tiene por qué negar la legitimidad de la relación interpersonal, pero en la práctica a menudo queda subordinada a los hechos extraídos del laboratorio. Tal vez una mejor manera de mirar al problema sea decir que los médicos a veces tienen crisis de identidad científica. Hay que recordarles que, aunque se comporten en cierto sentido *como* científicos, eso no quiere decir que *sean* (solo) científicos. La naturaleza moral de esta profesión está en otra parte. Es esa «otra parte» la que ha de evidenciarse. Postular una metafísica ética para la medicina no es ni más ni menos que sostener que los cimientos mismos de la medicina yacen en la búsqueda y defensa de su propia filosofía, una filosofía que yo creo que debe basarse en una ética relacional.

Si la relación médico-paciente se construye de acuerdo con el modelo ético aquí esbozado, entra en conflicto con el enfoque del médico-científico. Si el paciente no reside en el enclave protegido de esta interacción relacional, no es más que otro objeto de investigación biomédica, y cuando una enfermedad se separa así de la persona que la sufre, esto afecta negativamente a la experiencia de estar enfermo. La objetivación de mi dolencia *[illness]* como una «enfermedad» *[disease],* como un «objeto de investigación», aliena al individuo con respecto a su cuerpo. En la enfermedad *[illness],* el cuerpo se experimenta de manera fundamentalmente diferente a como se hace en la vida cotidiana, en la que generalmente no somos conscientes de nuestro cuerpo en tanto que medio para la experiencia. Pero cuando enfermamos no solo nos hacemos conscientes de nuestro dolor o disfunción, sino que también intentamos encontrarle un «sentido» objetivando el cuerpo. Me encuentro a mí mismo escrutando el elemento enfermo como si fuera algo separado de alguna manera de mi yo, algo exterior a mi identidad. No se puede encontrar mejor muestra de la dualidad cuerpo-mente que impregna el pensamiento occidental sobre lo que significa ser humano.

Naturalmente, en su intento de definir la enfermedad científicamente mediante mediciones fisico-químicas el médico es juez y parte en este proceso de objetivación. Pero *yo no soy* una confluencia de datos hematológicos, niveles de enzimas hepáticas, concentración de minerales y demás. El punto de vista positivista radical contempla al paciente como un agregado de datos objetivos, y aunque admito que esas pruebas reflejan mi naturaleza bioquímica, los resultados de laboratorio son algo ajeno a mi sentido interno de la personalidad. ¿Qué sentido tiene para *mí* tener el calcio alto o bajo? Este proceso de separar mis funciones corporales de mi experiencia íntima es la alienación intrínseca a la experiencia de la enfermedad. Desde esta perspectiva pueden hacerse distinciones importantes entre la percepción del cuerpo en la «experiencia vivida» de manera normal o cotidiana, y la perturbación introducida por la enfermedad y sus cuidados.

Hay estrategias para lidiar mejor con este proceso de deshumanización, y no sorprende comprobar que las mejores soluciones son también las más sencillas. Los profesionales sanitarios tienen que escuchar, responder y asumir la experiencia subjetiva de la queja de un paciente. Hay mucho descontento que procede del poco tiempo que el médico pasa con su cliente, y de las pocas veces que se establece un verdadero diálogo. Si nos fijamos en la narrativa clínica, la manera en que el paciente cuenta la experiencia de su enfermedad proporciona al médico enseñanzas cruciales, en lo científico y en lo referente a su papel como cuidador empático, esto es, ético. Además de obtener información que puede ser importante para atender las necesidades particulares del paciente, su propia descripción de la enfermedad presenta al médico el problema del sufrimiento, con la profunda perturbación, incertidumbre y dolor que trae consigo la enfermedad. Ignorar este aspecto de la enfermedad es negar la humanidad fundamental del paciente y relegar su estatus al de un objeto. Esta actitud solo puede contrarrestarse con una construcción relacional efectuada con deliberación y cuidado.

Un enfoque relacional de la ética médica

Reanimación (o «resucitación»): la sola palabra ya provoca pánico. Por supuesto, a médicos y enfermeros no les provoca ningún pánico. Corren a dar un masaje cardíaco, administran fármacos, respiran para el paciente. Hace poco me tocó presenciar un episodio de esos en la UCI. Allí es habitual tener un «código», así que el evento estaba bastante coordinado; cada uno tenía su papel y no había elementos emocionales que les recordasen que el objeto de ese ejercicio, todavía en lo mejor de la vida, iba a dirigirse al olvido o bien a reunirse con la angustiada familia que esperaba fuera. Si había alguna emoción, estos veteranos salvavidas no daban muestra de ella. Era solo una más en una larga serie de paradas cardíacas, un término dramático pero bastante neutro que significa «al borde de la muerte».

Mi madre tuvo una en mi casa. Tenía un timbre junto a su cama por si nos necesitaba. Llevaba mucho tiempo enferma y ya estábamos acostumbrados a sus ataques de asma de las 2 de la madrugada, esos episodios aparentemente intratables en los que se sentaba ligeramente encorvada y usaba los músculos del pecho y cuello para inhalar un poquito más de aire. Sus ojos vidriosos y la mirada triste y asustada nos decían que la medicación no funcionaba. Una noche, cuando entré en su cuarto, me echó una mirada rápida antes de caer. Dejó de respirar. No puedo recordar exactamente lo que ocurrió, pero la «resucité» y, cuando llegaron los bomberos y la ambulancia, la intubaron, le dieron oxígeno, le pusieron una vía intravenosa. La seguimos en coche al hospital.

Médicos y enfermeros quedaron bastante impresionados por mi hazaña en solitario. Intenté explicarles que no se parecía en nada a su código, que hice lo que hice al borde del pánico. No podía recordar ni un solo detalle de mis acciones tras la parada, ni explicar por qué se reanimó. Todo lo que sé es que cuando llegaron los bomberos ella seguía viva. Mi madre vivió unos pocos años más, sola, sin nadie que pudiera sacarla de la última parada. No estuve ahí pero sé exac-

tamente cómo debió haber experimentado sus últimos momentos. En cierto sentido, yo estaba ahí. Por fin había experimentado lo que era la muerte.

A los cuarenta comencé a separarme de la ciencia, a estudiar filosofía en serio y a cultivar conscientemente mi yo más amable. Sin lugar a dudas ahora soy mejor médico por ello. La muerte de mi madre había reactivado mi vocación inicial, recordándome que no podemos conocer nuestra propia muerte, solo la de los demás. Siendo testigos, nos vemos a nosotros mismos.

Filosóficamente podemos contemplar la enfermedad como una disyunción entre la mente (la subjetividad) y el cuerpo *(disease,* la enfermedad de la medicina científica). Como ocurre con todas las dualidades, parte del dilema es cómo construir un enfoque coordinado que pueda reunir ambos aspectos de nuestra identidad. En el contexto médico, la división cuerpo/mente tal vez sea útil para un enfoque científico, pero curar las enfermedades no es un problema exclusivamente epistemológico. Psicológicamente, la enfermedad *[illness]* como *experiencia* es algo profundamente invasivo de nuestra integridad como yoes, y esto se vuelve un problema moral porque *persona* es una categoría moral. El proyecto global se convierte entonces en un intento de unificación. En lugar de tratar solo con la enfermedad fragmentaria (epistemológicamente), el médico debe dirigirse a la persona entera (éticamente). En pocas palabras, tenemos que crear espacio en el «problema médico» para la solución ética: el encuentro médico-paciente requiere una filosofía relacional.

Nótese que este encuentro no es uno en el que médico y paciente se encuentren como amigos, dedicados ambos a perseguir el bien de la salud. Esta actitud se suele denominar «beneficencia»: una simpatía mutua al servicio del bien común que es la salud. Esa relación asume que médico y paciente comparten los mismos ideales médicos, que no hay conflicto de intereses económicos o sociales entre ellos, que tienen los mismos valores morales. Naturalmente, todo eso es mucho asumir, y a menudo no se cumple. Una ética basada en la beneficencia debe intentar establecer un terreno social común y, más en particular, debe partir de la complejidad inherente a los acuerdos sobre objetivos comunes. Lo que propongo tiene una estructura diferente. En cierto sentido, la ética relacional es más sencilla: en lugar de tener dos partes que se ponen de acuerdo en un objetivo común, el abordaje comienza en un momento anterior, cuando el médico sirve al paciente en un acto de responsabilidad. No tiene por qué haber una negociación sobre lo bueno o sobre cómo alcanzar un determinado objetivo. En este esquema, el cuidado es una relación ética a priori; los objetivos vienen después.

En la filosofía que propongo el encuentro entre médico y paciente es fundamentalmente ético: no hay reservas ni contingencias. La esencia de la medicina solo puede ser una relación *incondicional*. En este sentido, la ética interrelacional altera el campo de juego de la ética médica. Obviamente, la beneficencia es un principio rector en el encuentro médico-paciente, pero es solo un producto del compromiso ético primario. La beneficencia es resultado de un mandato ético más fundamental y no puede servir como un criterio definitorio de la atención sanitaria.

Finalmente, cuando la alteridad *define* la relación, el yo autónomo queda atrás. Así como la beneficencia se ha convertido en un producto de la ecuación, la autonomía ha desaparecido del álgebra ético. Pasa de un ideal de autosuficiencia a convertirse en un principio de la amoralidad. Puede que esto sea plantearlo de manera muy tajante, pero ilustra bien la distancia entre la ética relacional y la de la autonomía. Difícilmente podría polarizarse más la estructura metafísica de estas posiciones.

¿Cómo empezar a esbozar una filosofía de la medicina a partir de este esquema? Hay tres preceptos básicos.

1) La relación médico-paciente viene dada, a priori, como una relación de responsabilidad, y esta debe emanar de la compasión. Así, el profesional sanitario hace al paciente un compromiso personal, un producto empático de su personalidad. Encontramos este precepto en los escritos hipocráticos, y está presente en las diversas descripciones del buen médico a lo largo de los siglos. Hay testimonios de épocas pasadas, cuando la conciencia religiosa se expresaba con más libertad, en los que este rasgo se expresaba en términos de

amor. Por ejemplo Savonarola, el dominico visionario del siglo XV, escribió que:

> Nadie puede haber mejor que el médico que lleve amor y caridad a los enfermos, si es bueno y amable, capaz y bien formado. El amor le enseña todo, y será la regla y medida de todas las reglas y medidas de la medicina.

En estos tiempos más secularizados basamos esa empatía en lo que Nathaniel Hawthorne describió en *La letra escarlata* como una clase de intuición compartida:

> Si [el médico] posee una sagacidad innata y algo tan difícil de expresar como lo que podríamos llamar intuición; si no demuestra vanidad intrusa ni características propias exteriorizadas en exceso; si tiene el poder innato de llegar a tal afinidad con su paciente que este, sin quererlo, diga lo que él solo creía haber pensado; [...] entonces, en algún momento inevitable, el alma del paciente se abrirá y fluirá como una corriente oscura pero transparente, exponiendo a la luz aquellos misterios.

En ambos pasajes, la relación médico-paciente se describe como algo basado en una comprensión compartida de la enfermedad. El médico no solo sirve de observador objetivo, sino que participa en una comunión con el enfermo. La responsabilidad requiere una *respuesta* personal, que se origine en lo más profundo del alma.

Uno de los testimonios modernos más elocuentes de esta relación es el retrato de un médico rural inglés, John Sassall, descrito por John Berger en *Un hombre afortunado* (1967). Cuando describe la naturaleza de la enfermedad, Berger enfatiza la sensación de alienación del paciente. El principal compromiso del doctor Sassall es revivir la individualidad perdida, lo que consigue gracias al mismo proceso de respuesta y reconocimiento descrito por Levinas. Dice Berger:

> La tarea del médico ahí —a no ser que se limite a aceptar que existe una enfermedad y sencillamente se tranquilice a sí mismo diciéndose que es un paciente «difícil»— es reconocer al hombre. Si el hombre

> empieza a sentir que es reconocido —y ese reconocimiento podría incluir rasgos de su carácter que él todavía no ha reconocido en sí mismo—, habrá cambiado la naturaleza desesperada de su desdicha [...].

Al esbozar el encuentro profundamente personal entre médico y paciente, Berger subraya el acto de reconocimiento, una palabra que emplea repetida y deliberadamente para atrapar el lugar del encuentro ético. El proceso de reintegración —de curación— requiere que el doctor se proyecte a sí mismo como una persona semejante, alguien en quien el paciente reconoce aspectos que él también posee, a pesar del daño o la molestia presentes en su autoconciencia:

> el hecho de que el médico acepte lo que le cuenta y la precisión con la que aprecia sus insinuaciones sobre cómo podrían encajar las diferentes partes de su vida, terminarán convenciendo al paciente de que él y el médico y el resto de los hombres son semejantes; le parecerá que el médico conoce tan bien como él lo que quiera que le cuente sobre sus miedos y sus fantasías. Ha dejado de ser una excepción. *Puede ser reconocido*. Y esto constituye el requisito básico para la cura o la adaptación. (Las cursivas son mías).

El éxito de Sassall depende de «la profunda, aunque tácita, expectativa de fraternidad del paciente». Esta es la dimensión ética que informa su práctica. No ha renunciado a su pericia técnica; al fin y al cabo, era competente como cirujano, obstetra, pediatra e internista. Pero al tratar con sus pacientes Sassall dependía de su fuero interno ético mucho más que de una habilidad para esconderse detrás de su identidad profesional o técnica. Expresaba esa voz humana de muchas maneras, pero a mí me gusta en especial esta confidencia:

> Hace muchos años que el sentido común es para mí un tabú, salvo, tal vez, cuando se aplica a problemas muy concretos y fáciles de evaluar. Es mi mayor enemigo en el trato con los seres humanos, y mi mayor tentación. Me tienta a aceptar lo obvio, lo más fácil, la respuesta que está más a mano. Me ha fallado casi siempre que lo he utilizado, y solo Dios sabe cuántas veces he caído y todavía caigo en la trampa.

Si no priorizamos la empatía nos condenamos a una medicina miope y tecnocrática. Esto no quiere decir que no haya lugar para soluciones altamente técnicas a ciertos problemas. Ya no podemos esperar menos. Pero esta no es una elección excluyente, de una cosa o la otra. ¿Por qué no exigir cuidados humanos *y* científicamente competentes? Más allá de la pericia y la competencia técnica, tal vez la ética médica deba enfrentarse a ese desafío más difícil de la identificación del médico con el paciente. A mi juicio, esta relación sitúa adecuadamente al profesional como paladín defensor del paciente. En el mundo de las organizaciones sanitarias, el papel del médico necesitará incorporar progresivamente ese rol defensor.

2) La ética médica debe reconocer la primacía de esa confianza por la que un paciente entrega una porción significativa de su autonomía. Los médicos se forman, y deben hacerlo, para dominar actividades extraordinariamente complejas. Realizar una operación a corazón abierto o de neurocirugía es una hazaña intelectual y técnica prodigiosa; tratar una leucemia aguda o el SIDA requiere un enorme fondo de conocimientos, experiencia clínica y buen juicio. Los pacientes renuncian inmediatamente a su estatus autónomo en base meramente a estas diferencias de conocimiento. El juicio es el ingrediente crucial; y cuando estamos enfermos perdemos nuestra capacidad para ser objetivos. En la dependencia los grados de libertad disminuyen necesariamente. Esa relación entre iguales propia del esquema original de Levinas ha perdido su paridad. La ecuación se ha vuelto más compleja y el perdedor es esa autonomía del paciente tan presente en la bioética reciente.

—*¿Qué tal va el doctor Cassidy?*
—*Bueno, ya sabes, tiene 89 años. Apenas puede tolerar la dosis completa de quimio.*
—*¿Qué? ¡¿Le habéis dado una dosis completa?!*
—*Mmm... él insistió.*
—*Eso es ridículo. ¿Quién es el médico aquí?*
—*Yo, obviamente. ¡Pero no te metas conmigo! Sabes perfectamente que él ha tratado más linfomas que el resto juntos. Esta vez se lo pasé. La próxima ronda le damos la mitad.*

—*Eso si sobrevive a la primera.*

La cuestión de la autonomía es muy problemática y creo que el verdadero asunto está en cómo definir la confianza profesional. Por un lado, queremos controlar nuestro destino, pero a menudo debemos renunciar a la oportunidad o la obligación de hacer elecciones. Otros toman por nosotros las decisiones médicas. Al mismo tiempo, también se cometen errores, incluso entre pacientes bien informados y médicos bien intencionados. Nuestra ignorancia respecto del futuro nos niega poder hacer algo con completa confianza. Cuando el médico recita una estadística en la que una terapia particular ofrece un 80% de probabilidad de curación, ¿es relevante para este paciente individual? Hay una posibilidad entre cinco de que la terapia falle, y solo la prueba determinará en este caso particular cuál será el resultado. Debemos tomar la decisión mejor informada, pero nunca hay garantías de que la elección sea la correcta. Hay muchas incógnitas en juego, y la estadística solo puede proporcionar información, es parcial y descriptiva. Esta es una distinción importante. Tratamos de elegir la mejor opción, pero a menudo no sabemos cuál es. Intentamos anticipar las consecuencias con estimaciones inteligentes, basadas racionalmente, y esperamos que todo salga lo mejor posible.

Para lidiar con la incertidumbre hace falta una gran experiencia y capacidad de juicio profesional. En el contexto de una enfermedad, la confianza en el médico reduce de manera natural la autonomía del paciente. Los pacientes necesitan ser informados, necesitan tomar decisiones libremente, y son responsables en última instancia de los riesgos médicos asumidos; pero estos son grados limitados de autonomía. El paciente depende en última instancia de los profesionales para recibir consejo. No estoy proponiendo una vuelta al paternalismo, pero así vista la autonomía pierde mucho de su carácter sacrosanto. Dicho de manera tajante, la autonomía tiene un estatus subordinado en mi descripción del universo ético de la medicina.

3) Aunque he defendido una ética relacional, esta construcción no puede basarse en una formulación levinasiana en la que haya una reciprocidad entre el yo y el otro (es decir, en la que el yo sea definido

por el otro en una ecuación relacional, y el otro sea también un yo definido recíprocamente). En medicina, la ecuación entre el yo y el otro es categóricamente asimétrica. La exigencia de que el paciente deba confiar en la habilidad del médico no deja lugar a la reciprocidad. En mi intento de describir la ética médica como una aplicación de esa filosofía relacional, debo admitir que la interrelación entre el yo y el otro ya no posee la igualdad del libre encuentro. Cuando consideramos la posición del paciente, vemos que el poder del constructo relacional se aplica mejor si lo entendemos como un vector que va del médico hacia el paciente. Lo opuesto es imposibilitado por la dependencia. Así las cosas, la cuestión de la restauración del pleno sentido de la personalidad del paciente puede construirse en este esquema como algo pasivo en exceso. Pero el médico se compromete éticamente como cuidador para restablecer la identidad completa del paciente. La relación puede no ser simétrica, pues el paciente sufre, pero el *objetivo* de curarle afirma de hecho un intercambio igualitario entre yoes plenos. El éxito del cuidador reside en la recuperación del verdadero yo del paciente, pero esa ecuación tampoco es unilateral. Al establecer una identificación empática con el paciente, al *verle* verdaderamente, el profesional se experimenta a sí mismo en su plenitud. De esta manera, la tarea de una ética médica centrada en el encuentro asistencial realiza tanto al paciente como al cuidador. Cada uno se convierte en un yo *relacional.*

Al plantear los temas de esta guisa he intentado presentar explícitamente lo que yo veo como el problema esencial en la filosofía de la medicina o, para ser más preciso, *el* problema de la medicina, que aparece tan claramente en la cuestión de los yoes postmodernos en este mundo postmoderno. Buscamos fundamentar una teoría ética respetando al mismo tiempo diferentes creencias y exigencias culturales y así impedir que el otro se convierta en un objeto. Y la otra cara de la moneda también está clara. En última instancia, el clínico se define mediante el cuidado y la responsabilidad que emergen en un espacio ético repleto de oportunidades para convertirnos en verdaderos yoes. Este encuentro es, al fin y al cabo, lo que cumple nuestras aspiraciones profesionales.

La medicina es una encrucijada única en la que probar estos preceptos. Si la filosofía va a ayudarnos a entender quiénes somos y cómo ordenamos el mundo implicándonos en él, yo veo el componente ético no como un añadido, sino como los cimientos de la práctica clínica. Ese es el lugar natural de la medicina. Así que cuando nos preguntamos «¿qué es la medicina?» yo comenzaría diciendo que «la medicina es ética». Todo lo demás viene a continuación.

6

Meditaciones metafísicas

Llama el infinito

Siempre me fascinó la medicina; en tanto que actividad clínica, me asombraba. Aún no he perdido la capacidad de admirarme de lo poderoso que puede ser el encuentro médico. Pero mi apreciación ha cambiado con el tiempo.

Tengo muchos recuerdos de los primeros pacientes que traté mientras estaba en la Facultad. Aunque me formé en Boston, mi bautismo fue en la Clínica Mayo. Mi padre, que tenía a la Mayo por el mayor triunfo de la humanidad, se las había arreglado para que yo pudiera hacer una estancia como estudiante de tercero en el hospital. En mi experiencia, era una institución única. Un enorme complejo médico, con literalmente miles de pacientes pasando por consultas externas, de los que un buen porcentaje ingresaba en los varios servicios especializados del hospital. Yo estaba impresionado con su eficiencia y con la variedad de patologías que pasaban a diario por sus venera-

bles puertas. Me asignaron a la unidad de gastroenterología, donde me uní al séquito de residentes y becarios que seguía al médico titular por sus rondas diarias. Era un doctor de grandes conocimientos, con un acento británico que otorgaba una dimensión adicional a su autoridad. Llevaba a cabo sus responsabilidades con un aire que cuadraba a su posición.

Aprendí mucho ese verano, pero mi recuerdo más marcado no tiene nada que ver con el conocimiento clínico o científico. El equipo estaba visitando a una mujer de treinta y tantos años; tenía el pelo rubio, apariencia cerúlea y los ojos hundidos. Emaciada y asustada, era una de las típicas mujeres del Medio Oeste que acudían a la Clínica Mayo como si fuera la Meca médica, así que en retrospectiva entiendo su total desconcierto cuando el Doctor Inglés recitó: «Mi querida señora, siento decirle que tiene cáncer de páncreas. No hay nada que podamos hacer por usted. Tendrá que hacerse a la idea de que morirá pronto. No estoy seguro de cuándo, pero si yo fuera usted pondría mis asuntos en orden. Mañana se le dará el alta», y, diciendo eso, se dio la vuelta y desapareció seguido por su séquito. Me quedé tan asombrado que no pude moverme por un momento. No podía creer que fuera verdad la escena que acababa de presenciar, ni tampoco responder. Bajé la cabeza y seguí a mis colegas. Así comenzó mi introducción en la fraternidad médica.

Cuando regresé a Boston y comencé mis rotaciones de medicina interna en el Boston City Hospital, estaba bien preparado para lo que me esperaba en el pabellón de los residentes. Esto sí que era divertido. Con independencia aparente, los residentes decidían procedimientos diagnósticos, terapias, los temas de ubicación... de hecho, estaban a cargo de todo. A diferencia de la Clínica Mayo, había una cierta informalidad, una camaradería, que solo podía surgir de la cohesión de una unidad de combate en plena guerra de trincheras. Estábamos en lo más profundo de un hospital municipal, salvando a los marginados del alcoholismo, las drogas, los traumas, las infecciones, la diabetes y las enfermedades del corazón. Como algunos reingresaban de manera regular, les saludábamos como a viejos amigos que vuelven a puerto seguro. La neumonía no era un mal precio para escapar de esas calles.

Al final de los dos meses ya funcionaba como un interno, y cuanto más desesperado estuviera el paciente, cuanto más enfermo, mayor mi interés por él. Mi mayor triunfo de aquel periodo fue descubrir que el Sr. Antonio Desmarais, cubierto de piojos y heces, con síndrome de abstinencia y delirium tremens, *también sufría de tuberculosis pulmonar. Fui yo quien, tras pasar el paciente por otros cuatro estudiantes, internos y residentes, descubrió el ligeramente rosáceo bacilo y quien se lo enseñó al resto. Me convencí de que era el triunfo de la agudeza visual, la inteligencia activa y el incansable rigor. Pero en realidad era el ansia de aprobación profesional lo que me impulsaba sin cesar.*

Más adelante me convertí en uno de esos residentes que dirigen el pabellón como un sargento chusquero. Cuando el jefe médico y yo discutimos sobre si la Sra. Chafee tenía hipertensión pulmonar, la llevé a la Unidad de Cuidados Coronarios y le hicieron un cateterismo cardíaco. (¡Yo tenía razón!) Cuando el Sr. Pearlmutter fue declarado en muerte cerebral, informé a la familia y literalmente lo desenchufé. Cuando nuestro vecino de al lado se cortó las muñecas al participar en una fantasía sexual, me encantó contemplar sus tendones y explicarle cómo seguían exactamente la descripción de mi manual de anatomía, tras lo que le llevé a urgencias sin más ceremonia. Disfrutaba con mi autoridad y conocimientos.

También hice mía una actitud ética particular en lo que respecta al cuidado de los pacientes, que a mí me parecía la más desapasionadamente honesta. Nunca les seguía el juego. El juego, o al menos el teatro que recibía ese nombre, consistía en ofrecerles una sensación de esperanza potencialmente falsa, dar una cierta confianza de que iba a haber alguna respuesta, o la añorada seguridad de que la terapia tendría éxito. Por miedo a dar una falsa impresión de mí mismo o de lo que la medicina podía ofrecer, me mantenía al margen en muchos aspectos. El anhelo del paciente, que deseaba ese apoyo, se transfería a algún otro profesional, tal vez un enfermero; el psicólogo o el sacerdote también podían ayudar; al fin y al cabo, ese era su trabajo. Yo era un estricto hombre de negocios, un empresario positivista, un científico en ciernes, un hombre del mundo de los hechos. Yo era un tecnócrata arrogante y presuntuoso: un joven príncipe intoxicado con el poder a su disposición.

La medicina puede verse como un microcosmos moral. Admiramos a los médicos no solo por su pericia técnica, sino también porque sus conocimientos pueden salvar y mejorar vidas. En este sentido, el profesional sanitario está informado y orientado por un mandato ético. Podríamos contentarnos con el valor aparente del programa de la medicina, salvar vidas, y dejar aquí nuestro examen de las raíces de la ética médica. Creo que es un buen momento para dejarlo, pero no me atrevo. El valor que atribuimos a la vida no es compartido necesariamente por todas las culturas, y sospecho que nuestra preocupación por la salud refleja una inefable visión metafísica del mundo y de nosotros mismos. Puede parecer fútil intentar una evaluación de asuntos tan profundos, si es que no ocultos, pero me siento obligado a hacerlo porque todavía no hemos agotado el potencial proporcionado por los conceptos de dos filósofos mencionados antes. El primero es la idea de Nietzsche del eterno retorno, y el segundo la formulación por Levinas del otro como constitutivo de nuestra identidad. Aunque voy en esa dirección, no lo hago sin dudas. Cada uno me ofrece una vía para abordar cuestiones que me preocupan con persistencia, pero este territorio está lleno de pozos y obstáculos. Su presentación es francamente metafísica y, hable como filósofo o como médico-científico, la metafísica siempre es terreno peligroso. Pero la ética emana de la metafísica, de después de la física, desde más allá del conocimiento empírico. Para continuar este proyecto tengo que encarar la pregunta de *por qué* el otro exige una respuesta moral. ¿Por qué debería responder con generosidad? ¿A qué llamada debería atender? Nietzsche y Levinas, diferentes en sus respectivas éticas, muestran sin embargo una interesante coincidencia en torno a la cuestión del infinito, y de ahí que proporcionen una respuesta metafísica. Deberíamos escucharles.

Eterno retorno

Nietzsche fue un crítico decisivo de la tradición ética judeocristiana, defendiendo una moralidad que carecía de revelación, universalidad o fundamento filosófico alguno; en realidad, una moralidad sin imperativos éticos. Hay quien lo considera el «último metafísico» (como lo caracterizó Martin Heidegger), pues aunque Nietzsche atacó la teología anterior, su filosofía no dejó de buscar una verdad metafísica que pudiera guiar la acción moral. Ya hemos considerado la naturaleza del agente moral como el héroe que lucha por su autoencumbramiento autónomo, pero ¿qué ética nos guía más allá de la mera autorrealización del animal darwiniano? La «respuesta» —que es claramente postmoderna por su carácter indeterminado— reside en una apreciación vagamente metafísica de nuestro lugar en el tiempo. Pues Nietzsche, como todos los grandes metafísicos, ve nuestro *lugar* —aquello que nos «ubica» y por tanto nos orienta en la tarea de *conocer*— en la inefable pero fundamental temporalidad de la naturaleza. Contemplarnos a nosotros mismos en el tiempo es dotar de un sentido a nuestra naturaleza biológica inconsciente. Es de aquí donde deberíamos partir para describir la filosofía moral.

La filosofía de Nietzsche adquiere su mayor profundidad metafísica en lo que llamó el *eterno retorno*. El eterno retorno, como la concepción nietzscheana del ser humano, es algo fundamentalmente orgánico, una descripción de la vida como renovación, regeneración y regreso. Creo que Nietzsche usa el eterno retorno no como una teoría sobre el mundo, sino sobre el yo. La noción de eterno retorno funde los conceptos nietzscheanos de la Voluntad de Poder y su corolario, el devenir como verdadera forma de ser. Se nos llama a vivir como si a cada momento fuéramos a revivir, inmutables, una eternidad. El eterno retorno es el destino final de un proceso evolutivo profundamente enraizado, una llamada que debería convertirse en la ética de nuestro ser biológico, independiente de cualquier principio trascendente. Con esa perspectiva, cada momento no solo es inmutable, sino también precioso, y nos convierte en responsables de nosotros mismos a perpetuidad. El retorno de Nietzsche no se refiere a una vida que es precisamente *como* esta, sino a *esta misma* vida. De esta manera logra imbuir de eternidad a cada momento, llevándonos a una suprema autoconciencia de la ineludible responsabilidad última sobre nuestros actos. El último elemento de su ética, entonces, consiste en aceptar la irrevocabilidad de cada opción y en asumir por lo tanto el mandato de responsabilidad sobre nuestras vidas, una vida que será vivida una y otra vez, eternamente.

Si Dios ha muerto, entonces nuestra moralidad debe basarse en una soberanía autodeterminada. La responsabilidad reside solamente en el individuo, cuya identidad se basa en reconocer plenamente la primacía de la voluntad de poder y en vivir su mandato libre de falsas y embarazosas restricciones morales. Este es un compromiso que solo los fuertes pueden asumir, pues los enfermos solo pueden suspirar (como se dice en *La genealogía de la moral)* diciendo «Si yo fuera otro». Si la vida va ser repetida eternamente, entonces debemos aceptar vivirla en el presente en su totalidad plena y autosuficiente. El tiempo no se estructura en pasado y futuro, sino que nos acompaña, moviéndose con nosotros dentro del presente.

La voluntad, abandonada a su propio eje, no conoce pasado ni futuro. El eterno retorno, como mandato *ético,* se convierte en la afirmación última de esa voluntad. Es precisamente la elevación del animal humano desde su voluntad unidimensional a una segunda dimensión ética lo que permite un ejercicio de voluntad moral para alterar el yo, permitiéndole liberarse y curarse. La expresión más plena del poder del eterno retorno puede verse cuando el pasado queda alterado por obra de la voluntad actuando en el presente. Es la visión presente del yo la que define así el pasado, y si se acepta el presente, se asume con él todo lo que le ha llevado a ese punto. Más importante aún, el pasado ha formado el futuro. Así, aceptar el presente en los términos de Nietzsche equivale a haber querido —o haber querido elegir su aceptación— todo lo que llevó a ese momento. He aquí una visión ética expansiva, en la que se celebra la voluntad creadora en su plenitud, permitiendo alcanzar así la redención.

La estructura moral del eterno retorno es que debemos vivir cada momento como si fuera a repetirse una y otra vez por toda la eternidad. Sufrir los efectos de la laxitud, la distracción o la debilidad durante un lapso infinito de tiempo es ciertamente una consecuencia moral de tremenda significación. El pensamiento mismo evoca un terrorífico descenso a los infiernos. Pero sospecho que a Nietzsche le interesaba bastante más poder inspirar una conciencia de nuestra situación presente para que admitamos que nos hace falta un punto de orientación fuera de nosotros mismos, una perspectiva desde fuera de nuestra experiencia normal: una orientación metafísica. (Permítanme hacer notar de nuevo que la filosofía analítica contemporánea impide adquirir ese punto de Arquímedes, y tal vez se encuentre aquí la separación más radical entre los puntos de vista analítico y metafísico. Con el propósito de comenzar a discutir estas cuestiones, lo que he hecho ha sido salir deliberadamente de la tradición analítica para pasarme a la más antigua tradición metafísica.)

Resulta irónico que Nietzsche, que declaró la muerte de Dios, resultase ser un gran metafísico y encontrase una solución en la ética, en el ámbito más íntimamente identificado con el ser humano, demasiado humano. *El eterno retorno es una metáfora de la responsabilidad.* ¿De dónde surge esa responsabilidad? Debe venir de una apreciación de nuestro lugar en este universo en el que somos un breve instante en el espacio y el tiempo, ocupado por una minúscula conciencia que no obstante reconoce —aunque sea de manera limitada— nuestro lugar en el infinito. Como ya he mencionado la noción de reflexividad en Levinas, reconocer nuestra existencia es *el* acto de autoconciencia. Con ese reconocimiento entramos en un caudal de tiempo que no conoce principio ni fin.

Este ámbito metafísico se vuelve moral cuando percibimos que debemos actuar —y que de hecho lo hacemos— en un cosmos infinito, cuyo sentido depende por entero del hecho de que somos nosotros quienes se lo conferimos. *Nosotros* concedemos valor a la existencia, y a pesar de nuestro infinitesimalmente pequeño lugar en el universo, nuestro acuerdo es la base de su significado. *Nosotros* creamos el sentido. El sentido es metafísico. Y el sentido es moral.

El Rostro

Levinas nos lleva al mismo sitio por otro camino. Como Nietzsche, busca un vehículo con el que orientarnos metafísicamente, esto es, mediante un punto más allá de nosotros mismos. Desde su perspectiva, reconocer que somos individuos requiere que nos separemos del mundo cotidiano. Este es el paso previo a delinear lo finito de lo infinito. El hombre o mujer así separados ya no son uno con la totalidad del ser, sino que se enfrentan al infinito. Aquí, saber que el mundo y nosotros mismos estamos situados en una infinitud de espacio y tiempo nos lleva a reconocer que hemos dado con un «no-yo» insondable.

¿Cómo se percibe el infinito? Wittgenstein mantuvo que no hay nada que decir sobre tales cosas. Lo metafísico está más allá de la racionalidad, el lenguaje o la descripción. Uno puede reconocer su existencia, pero no añadir ningún comentario más. Levinas, por el contrario, busca expresar esta experiencia y la muestra describiendo cómo el yo aislado, cuando es interrumpido por otro, se «extrovierte»: se vuelve hacia fuera para enfrentarse a la infinitud, a aquello que no puede conocerse. El yo se enfrenta al infinito mediante el reconocimiento del otro, que reside en un ámbito radicalmente diferente. El infinito se experimenta así en el *rostro* de un otro. En ese encuentro está tanto la presentación de la vulnerabilidad de ese rostro como el asombro ante su incomprensibilidad. El rostro se vuelve así una ventana al infinito.

El encuentro con el rostro eclipsa lo finito —la totalidad circunscrita y particular, nuestras vidas cotidianas— como algo vivido no reflexivamente. Más que el marco de la respuesta, el encuentro es la realización del yo. En otras palabras, el yo es esencialmente reflexivo, consciente de sí mismo como un yo, como una persona dentro de un contexto en el que actúa, piensa, siente y recuerda. Desde este punto de vista, ser un yo es ser consciente de la propia identidad en un mundo donde la identidad no viene dada, sino que debe ser creada y formada con o contra los otros. Ser autosuficiente, estar autocontenido, existir de manera no reflexiva, son formas todas de no ser consciente del propio lugar en el mundo, maneras de ignorar o negar el infinito. El rostro del otro desafía esa complacencia. Si no es catalogado como una modalidad de coexistencia (un asunto sociológico) o ni siquiera de conocimiento (un proyecto epistemológico), el rostro se convierte en «la producción primordial del ser» (una metafísica). Solo podemos «acercarnos» o «aspirar» intencionalmente al infinito, pero en esa tarea realizamos de verdad nuestra propia identidad.

Aquí hay una metafísica ética. El rostro, una expresión concreta del infinito, nos permite reconocer los límites de nuestra experiencia como totalidad. «Totalidad» se usa aquí de manera irónica; no somos verdaderos yoes hasta que nos enfrentamos al infinito. Esta es la misma postura metafísica que Nietzsche asume con el eterno retorno: reconocer la importancia del infinito equivale a revelar nuestras más profundas ansias metafísicas. Para Levinas, el rostro del otro, o más específicamente el encuentro con ese rostro, es nuestro salvoconducto para el infinito y, en su demanda de respuesta, se crea un espacio moral: el lugar de posibilidad de todas esas expresiones que son las bases de una vida moral. Quizá sea útil pensar que encarar el infinito es enfrentarse a nuestras posibilidades éticas, llenando así el «contenido» de la visión del mundo de una persona.

Al reconocer al otro, al infinito, al no-yo, nos enfrentamos a nuestro desafío moral. La idea no es original de Levinas, sino que refleja una veta metafísica recurrente en el pensamiento occidental, cuyo origen se encuentra al menos formalmente en Agustín de Hipona, si es que no pertenece a la Biblia misma. No puede concebirse el pleno potencial humano sin incluir esta relación fundamental con el infinito a través del otro humano. En el diálogo, la necesidad de responder evoca la responsabilidad, y es en esta respuesta al otro donde finaliza la propia realidad del yo. Esta atención al otro no es la realización de un potencial porque no es un potencial, ni siquiera es concebible, sin el otro. Una ética relacional y responsable se convierte así en una metafísica.

Enfrentarse a uno mismo

> Ningún hombre es una isla, completa en sí misma; todo hombre es un trozo de continente, una parte del todo; [...] La muerte de cualquier hombre me empequeñece, pues estoy implicado en la maraña de la humanidad. En consecuencia, no preguntes por quién doblan las campanas; doblan por ti.
>
> John Donne (1573-1631), *Devociones*, XVII

Sin el otro no podemos afirmarnos ni siquiera definirnos a nosotros mismos. En el acto mismo de contemplar nuestro yo, que nos constituye como seres de percepción y sentimiento, descubrimos la base misma de nuestra humanidad. Separarnos así de la vida cotidiana para encarar el infinito es el acto ético fundacional. Como el yo no existe hasta que se enfrenta al otro —el rostro, el infinito— uno podría sostener que el yo ha sido deconstruido, esto es, vaciado por completo de «sí mismo». Si esto es así, el problema de la identidad del que nos hemos ocupado antes ha pasado de ser el proyecto ilustrado de discernir la entidad cognoscitiva a otro proyecto, dedicado ahora a definir la agencia de un constructo moral. A partir de aquí podemos erigir una ética médica contemporánea.

Como la medicina trata con problemas morales de una manera tan inmediata, nos ofrece una gran ocasión para probar el potencial del enfoque que vengo proponiendo. Pero al final debo admitir algo que había quedado dicho solo implícitamente: aunque nos hemos concentrado en el entorno clínico, este es solo un caso particular del acertijo al que nos enfrentamos en nuestra sociedad pluralista y secular. Naturalmente, en medicina hay cuestiones particulares que requieren atención, pero, al margen de su importancia, al final hemos de buscar una estrategia que nos permita restaurar nuestra humanidad.

He adoptado un enfoque relacional porque creo que encaja bien con nuestro nihilismo postmoderno y resuena con las fuentes de la ética occidental: el diálogo con la divinidad y el sentido de comunidad presentes en la Biblia, y la noción griega del Bien. Estos preceptos fundamentales han sido remodelados para responder a las críticas filosóficas y sociales propias de nuestro tiempo. Necesitamos nuevas metáforas para ir tanteando hacia una nueva teoría que nos permita establecer los medios para trascender nuestra complacencia. El rostro del otro es una poderosa imagen que dirige la discusión a una experiencia universal y, en el caso de la medicina, no puedo imaginar mejor vehículo para transportar cuestiones tan complejas y cargadas como estas.

Hay empero un segundo programa, tal vez más opaco, escondido detrás de esta discusión de los fundamentos éticos de la medicina. Hemos hablado casi exclusivamente sobre la preocupación ética por los otros, pero ahora quiero dirigir nuestra atención hacia cómo el profesional sanitario se realiza al desempeñar sus deberes, y cómo esa realización moral se traduce en una gratificación personal. El altruismo tiene una contradicción intrínseca: a menudo sospechamos que el acto compasivo o empático cubre una necesidad en el agente, satisfaciendo un deseo o tendencia psicológica. Así podría verse al altruista como alguien egoísta en última instancia. ¿Oscurece esta interpretación la calidad del acto moral? Difícilmente. Me parece claro que reconocer el motivo no es más que un paso en la comprensión de la fuente de energía que mueve ciertos comportamientos. El acto en sí mismo queda sin mácula. Pero encontraremos corolarios interesantes si examinamos la acción moral desde la perspectiva del *agente*, y al hacerlo espero revelar la rica dimensión metafísica del acto de cuidar. La responsabilidad trae consigo la autorrealización. Al asumir la responsabilidad por el cuidado, médicos y enfermeros se «realizan», lo que es una manera de decir que al ejecutar el mandato profesional el individuo completa esa identidad que ha elegido.

Hasta ahora he evitado diferenciar los papeles del médico y el enfermero, integrándolos bajo la etiqueta común de «profesional sanitario». Pero, en realidad, hay distinciones importantes, y especialmente apropiadas para esta discusión. En la época en que me formé, los médicos asumían una autoridad y un dominio que eliminaba en gran parte cualquier capacidad de toma de decisiones por parte del personal de enfermería. Esa dicotomía se ha suavizado en la última década, y los enfermeros asumen ahora una mayor responsabilidad en el cuidado del paciente. Por ejemplo, en uno de los hospitales universitarios más prestigiosos de Boston, se anima a los enfermeros a que busquen una segunda opinión médica si perciben que ello redundaría en beneficio de sus pacientes. Pero no me refiero simplemente a personal de enfermería que funciona en sustitución del médico, o enfermeros gestores que han asumido una parte cada vez mayor en la administración sanitaria, sino más bien a enfermeras que ocupan aún su lugar tradicional en la prestación de cuidados hospitalarios o clínicos, donde suelen tener un papel más directo e integral que el del médico en el cuidado del paciente. Por eso mi discusión filosófica se ciñe más al médico, que tiene que superar en mayor medida esa división entre dos éticas distintas, cuyo contraste nos ha permitido discernir la estructura actual de la medicina.

Los médicos asumen dos funciones al mismo tiempo: por un lado son como coroneles en el ejército, dirigiendo los movimientos de las tropas y diseñando la estrategia futura; por el otro, también funcionan a veces como soldados rasos, compartiendo la carga de los pacientes, aconsejando y consolándoles, realizando procedimientos sobre sus cuerpos, y otras acciones tan íntimas como personales. Los enfermeros en general no están expuestos a esa dualidad; incluso en los grandes hospitales y clínicas, hoy día los cuidados de enfermería son algo esencialmente íntimo, y eso a pesar de su creciente carga de trabajo administrativo. En el acto mismo de dar atención personalizada, la enfermera tiene pocas responsabilidades que entren en conflicto con ese acto privado que constituye el encuentro interpersonal primario. Ese encuentro fracasa en la medida en que los enfermeros se distancian del paciente, algo que nunca deja de provocar estupefacción.

Estábamos en una cena, charlando sobre los críos, la política, el trabajo. La conversación derivó hacia los temas con los que me debatía al escribir este libro, y observé que eran las enfermeras las que verdaderamente cuidaban de los pacientes, mientras los médicos a menudo sufrían —o disfrutaban— de un cierto distanciamiento. Cheryl cogió el tema al vuelo y comentó lo siguiente:

«Tuve mi primera hija en San Bernadino. El parto en sí fue horroroso —36 horas y césarea—, pero la experiencia global fue fabulosa, sobre todo porque las matronas fueron geniales. En el postoperatorio yo estaba fatal, pero ellas me cuidaron, discutieron sobre posibles nombres, mimaban al bebé y me animaban. Realmente convirtieron algo muy traumático en algo maravilloso, un momento muy especial. Así que lo que me esperaba en Nueva York me pilló completamente desprevenida. Dos años después, con mi segundo embarazo muy avanzado, me pasé por el hospital donde iba a dar a luz a Shelly. Lo que vi en el pabellón materno infantil me descorazonó. Las enfermeras manejaban a los bebés como si fueran trozos de carne. No percibí ningún cuidado ni atención: de hecho, quedé consternada ante su hostilidad. Antes de irme, me aseguré de firmar todos los papeles para que mi bebé estuviese conmigo en todo momento. No quería nada con ese pabellón.

Llegó el momento, comenzó el parto, que esta vez duró solo cinco horas, y entonces mi médico empleó la cirugía para sacar a la niña. Horas después de su nacimiento, al despertarme vi cómo una enfermera se la llevaba de mi habitación. "Disculpe, pero tráiganla de vuelta. Tengo permiso para tenerla aquí". Sin detenerse, abrió la puerta y me dijo tranquilamente: "Estabas durmiendo y hay que cambiarla. Las cambio en la otra sala".

Intentando mantener mi ansiedad bajo control, le propuse que la cambiase en la habitación (donde no faltaban pañales). "No". "Pero no quiero que se la lleve". Entonces la enfermera cerró la puerta de un golpe, soltó a Shelly a mi lado y, retrocediendo, me dijo: "Entonces la cambias tú". "Pero no puedo moverme, me acaban de hacer una cesárea" (¿realmente no lo sabía?). "Si quieres que el personal la cambie, la niña va a la sala". Y se fue.

Así fue el primer pañal de mi segunda hija. Temblando de ira y frustración, aún sin terminar de creérmelo, sin apenas poder moverme por el dolor, le cambié de alguna manera ese maldito pañal. Las enfermeras nunca volvieron a tocarla voluntariamente. Cuando mi marido vino esa tarde a visitarnos, le dije: "Tienes que sacarnos de aquí lo antes posible". Y llamé a mi médico contándole lo que había pasado.

Con eso se declaró la guerra entre las enfermeras y yo. La medicación contra el dolor nunca llegaba a tiempo; nunca había nadie para acercarme a Shelly; la jarra de agua se vaciaba misteriosamente. Me negué a darles la satisfacción de pedirles nada y me las arreglé para realizar esas tareas imposibles yo misma. Pero entonces, por desgracia, tuvieron que ponerme una vía intravenosa, y ahí me pillaron. Pedí que lo hiciera un médico. Imposible. Lo haría la enfermera.

Extendí mi mano izquierda. Me pinchó una vez. La miré a los ojos; ella no levantaba la mirada. Su cara estaba deliberadamente neutra mientras volvía a pincharme. Sin éxito. Otra vez. Las venas eran prominentes; nunca había tenido este problema antes. Continué mirándola, y luego comencé a preguntarle mientras temblaba y lloraba de rabia. "¿Cómo puedes hacerme esto? ¿Cómo *puedes actuar así y seguir llamándote enfermera? ¿Crees que no sé lo que estás haciendo? ¿Cómo puedes portarte así?", una y otra vez. No me miraba; finalmente, la aguja entró. En silencio y con todo bajo control, terminó el procedimiento y se fue.*

Mi médico era el mejor obstetra de los tres que he tenido. Pero debido a las enfermeras el parto fue el peor, una pesadilla».

—¿Por qué, Cheryl?

—No me tires de la lengua. Tengo mis sospechas, pero no lo sé. ¿Importa?

—No, claro que no.

Tal como hemos dicho ya, siguiendo el constructo de Levinas, el acto mismo de responder satisface el potencial innato del rol profesional. Pero ahora llegamos a una revelación inesperada. Más allá de ese proceso de realización, en el que la identidad del médico o enfermera se hace plenamente manifiesta, hay una profunda y especial catexis en el acto de ser testigo; hablando como médico, en el acto de enfrentarse a uno mismo como un otro. La objetivación de la enfermedad nos protege del acto más empático: enfrentarnos a nosotros mismos como pacientes y moribundos. Estoy persuadido de que la ciencia, más allá de su poderosa epistemología, cubre con un velo más o menos opaco las experiencias de vida o muerte que el enfermo presenta de manera tan inmediata y profunda al profesional sanitario. Esta dimensión del sufrimiento severo y de la experiencia íntima de la muerte merece un comentario final.

El reflejo de nosotros mismos en un otro puede darse en diversas circunstancias. No hace falta ser testigo de la enfermedad y la muerte para apreciar ese reconocimiento. Hay una experiencia común importante en afrontar las propias historias íntimas. Nuestros recuerdos conjuran imágenes de nosotros mismos que pueden parecer muy ajenas a nuestro estado actual. Esta imagen actual puede remodelar el pasado para coincidir mejor con nuestra orientación presente, o puede conminarnos a reevaluar nuestras prioridades para hacerlas más coherentes con la auténtica imagen que tenemos de nosotros mismos como persona y que guardamos congelada en algún lugar de nuestra memoria. En este sentido, el recuerdo de nuestro propio yo sirve como un otro interior que reclama atención y respuesta.

Pero hay otro enfrentamiento ineludible para todos: nos convertimos en un otro cuando contemplamos nuestra propia muerte. No puede haber mayor finalidad y finitud para nuestra identidad, ninguna otredad mayor que nuestra propia inexistencia. En medicina nos enfrentamos constantemente al espectro de la muerte. Nuestros hospitales aún no se han despojado del todo de ese aura decimonónica que los presenta como las casas de la muerte, cuando ingresar en ellos equivalía con frecuencia a la pena capital. No hace falta tener una enfermedad mortal para sentir aprensión, por no decir puro y duro miedo. Aún hoy un ingreso hospitalario es un asunto serio, y ningún procedimiento, por muy trivial que parezca, puede considerarse como algo sin mayor consecuencia. Todas las situaciones vitales tienen sus riesgos; los hospitales simplemente son más peligrosos que otros lugares.

Los clínicos —algunos más que otros— se enfrentan a la muerte como algo habitual en su trabajo, y como cualquier otro mortal deben lidiar con las repercusiones emocionales de presenciar la muerte de otro. Para el médico novicio o el estudiante de enfermería estos primeros encuentros son experiencias emocionales difíciles casi sin excepción. Más allá de la empatía que se suscita, hay un elemento de voyeurismo que uno se apresura a ocultar; difícilmente puede consolar al paciente convertirse en objeto de asombro y fascinación, incluso en nombre de la ciencia y la enseñanza. Hay un delicado equilibrio entre transmitir el arte de la medicina y exhibir al paciente como si fuera alguna clase de curiosidad. Pero la fascinación sigue ahí, porque el misterio de la muerte y del morir nunca pierde su poder. El yo que se encuentra tras el rostro deja en cierta forma de existir, y al contemplar la pérdida de la vida del otro nuestra propia mortalidad aparece ante nosotros. Encaramos el infinito casi inmediatamente: una infinitud de no-existencia. No hay escapatoria y ya sea el cielo, el infierno, el eterno retorno o el vacío lo que nos espere, reconocemos nuestra propia e inevitable caducidad. Finalmente, cada uno de nosotros se unirá al infinito de una forma u otra. Este es el horror metafísico de reconocer nuestra verdadera otredad, el final de nuestro ser. No hay respiro, y aquellos que pretenden negar su finitud solo pueden esconderse de su propio miedo por un momento.

No podemos *conocer* nuestra propia muerte, pero podemos verla anunciada en las cuitas del otro. No podemos escapar a esa identificación. No podemos conocer nuestra propia hora, pero podemos imaginarla al observar la de otro. Su ejemplo nos provoca preguntas inevitables. ¿Expiraré rápidamente o tras una prolongada agonía? ¿Por accidente, enfermedad o violencia? ¿Solo o con seres queridos? ¿Tranquilo o dominado por el miedo? ¿Quién me llorará, quién no? ¿Existe el alma? ¿Quién soy yo entonces? Seamos o no conscientes de ello, nuestra propia muerte nos ronda. El infinito llama y debemos responder. En el mundo cotidiano, el rostro del otro nos llama a responder efectivamente, pero el suyo es en última instancia un reflejo de nuestra otredad personal. La muerte es nuestro propio espejo.

Era una tarde soleada. Regresaba de coger manzanas con los chicos. Camino de Boston por la autopista, escuchábamos a Marvin Gaye en la radio, riéndonos con las historias que contábamos y disfrutando de lo claro del día.

Al subir una suave colina, un coche oscuro nos pasó zumbando, pegado al suelo, adelantándonos por la derecha y luego pasando al carril izquierdo en una maniobra peligrosa. Aminoré la velocidad justo antes de ver horrorizado cómo ese coche chocaba con otro.

Frené, me detuve en el arcén y corrí hacia los dos coches. Del coche imprudente salieron dos adolescentes que lanzaron varias botellas al bosque que circundaba la carretera. En el otro coche, un hombre de bruces sobre el volante. Se movía. La copiloto no.

Examiné rápidamente a esa mujer joven. Era su lado el que había recibido el impacto del choque. Tenía la piel cenicienta, pero pude apreciar los finos rasgos de su cara, su cuerpo ágil, su ropa elegante. Una fina línea de sangre salía de la comisura de la boca. Estaba completamente quieta.

No podía abrir la puerta. Aparecieron otros que sacaron al conductor y su acompañante. La examiné tumbada en el suelo. Ni respiración ni pulso. Apliqué la oreja a su pecho. Sin sonido en el corazón. Comencé la respiración boca a boca mientras alguien hacía la reanimación cardiaca. Sin respuesta. Sin respuesta.

Llegó una ambulancia y volvieron a intentar reanimarla. La llevaron al hospital. Llamé más tarde. Había ingresado cadáver: cuello roto, laringe seccionada. Era una estudiante de música, de veintiún años, a punto de casarse con el conductor, un abogado.

Esa noche estaba leyendo La insoportable levedad del ser *de Milan Kundera y me quedé atónito ante el comienzo de la novela, sobre el eterno retorno de Nietzsche. Kundera escribió que «si el eterno retorno es la carga más pesada, entonces nuestras vidas pueden aparecer, sobre ese telón de fondo, en toda su maravillosa levedad». No pude aguantar el cinismo de Kundera. Como no creemos en el eterno retorno, la responsabilidad nos elude. Todo en el mundo queda perdonado por adelantado, y por lo tanto todo queda cínicamente permitido.*

Meses después me interesé por el caso. Aunque había dado mi nombre a la policía nunca me llamaron. Para entonces ya se había celebrado el juicio. El magistrado declaró que «el accidente resultó de la confluencia de una maniobra ilegal y niveles de alcohol al borde de lo permitido». Las penas fueron mínimas; todos los implicados estaban ya en libertad condicional.

Yo también.

Epílogo

—Fred, ¿te acuerdas de Bobby?

—¿Quién?

—Creo que se apellidaba Edwards.

—Papá, no tengo ni idea de quién hablas.

—Claro que sí. Tienes que saberlo. Era tu mejor amigo en tercero.

—Pues no. ¿Y cómo es que tú sí?

—Oh, no sé. Al ver a Joel correr por aquí me acordé de ti a esa edad. Me acuerdo de cómo jugabas al balón con Bobby. ¿No te acuerdas de nada?

—Claro que sí...

Me acuerdo de correr calle abajo para ver el camión de los bomberos. No tendría más de dos años y medio. Guardo un vívido recuerdo de un cucurucho de chocolate que me comí a los tres años frente a la estatua del oso polar que hay en Georgia Avenue. Me acuerdo del camino a casa de la abuela a los tres años y medio. Me acuerdo de cuando cogí en brazos a mi hermanita a los cuatro años. Recuerdo la mascarilla de éter y el miedo a ahogarme, a los cuatro y medio, y el primer día de colegio unos pocos meses después. De esos años recuerdo mi locomotora roja, el revólver, el osito de peluche, el olor de mi habitación, el calor húmedo de las noches de julio, el fresco de octubre, la nieve de enero. Me irrita el mero recuerdo de mi frustración mientras esperaba a que mi madre colgase el teléfono. Recuerdo la edición ilustrada de Los cuentos de así fue *de Kipling, y la excitación informe que sentí al mirar el dibujo de las mujeres nativas en pie sobre la espalda de un prisionero. Recuerdo a mis padres escuchando la radio y la magia de nuestra primera televisión... Recuerdo la sensación de delirio febril, el dolor de oídos; recuerdo el té con leche que me trajo mi madre, el frescor de sus manos...*

Me acuerdo de más, mucho más. Pero no me acuerdo de Bobby.

Retenemos lo que valoramos, y sabemos lo que queremos o necesitamos saber. Olvidamos lo que no usamos, lo que por alguna razón no podemos convertir en parte de nosotros. Y nos gustaría eliminar algunos recuerdos, pero no podemos. Son las partes de nuestra psique que viven en un sitio aparte; son parte nuestra, pero diferentes.

Nuestra memoria es algo íntimo y selectivo. Actuamos en el mundo, pero somos conscientes de nosotros mismos en gran medida mediante ese acto de rememoración que constituye nuestra vida interior. Sentimos e intuimos ideas parcialmente informadas o construidas, que ocurren en el presente. La memoria es otra cosa. De una manera profundamente personal e idiosincrásica, reposamos en nosotros mismos al recordar a otras instancias nuestras, formadas en diferentes contextos temporales y espaciales. Llevamos el pasado con nosotros al intentar situarnos en esos tiempos pasados de la infancia, la adolescencia, la juventud, la edad media, etc. Necesitamos una construcción para permitirnos establecer un flujo continuo de identidad entre el presente y el pasado que inexorablemente se aleja.

La memoria tiene algo de artefacto. No hay un recuerdo que no esté filtrado por la experiencia actual, que interpreta y moldea la experiencia original. Aunque la memoria nos ayuda a mantener la continuidad con el pasado, también se moldea para acomodarse a la persona que somos ahora. Sabemos, aunque sea de manera tácita, que la memoria es una facultad crucial en la formación de nuestra identidad. Vamos cambiando constantemente para ajustarnos a nuevas exigencias, objetivos, ideas, relaciones. Nuestros recuerdos se modulan al ir rediseñando esas perspectivas sobre nosotros y sobre el mundo, porque la memoria es algo íntimamente constitutivo de nuestra identidad.

La memoria es una facultad cognoscitiva. Es muy subjetiva, privada, e inestable en ausencia de esfuerzos extraordinarios. Para validar un recuerdo, para comprobar su autenticidad, debemos realizar un análisis histórico. Por ejemplo, ¿quién es Bobby Edwards? ¿Se llamaba en realidad Robert Edwards, nació como yo en 1947, o fue en 1946 o 1948? Podría comprobar las partidas de nacimiento de Washington DC, donde vivíamos cuando supuestamente le conocí, pero tal vez hubiera nacido en Baltimore, Richmond o Dallas. En la década de 1950 Washington era una ciudad de inmigrantes, una soñolienta ciudad del sur con pretensiones de gran metrópoli. Los nativos eran poco habituales. Podría ir a los archivos de la escuela primaria, o tal vez sería mejor consultar los del Ejército. ¿Y si murió en Vietnam? Entonces tendría que buscar a sus parientes. Puede que no dejase familia. Cuarenta años es mucho tiempo para encontrar rastros de un tipo corriente.

Pero incluso si encontrase pistas de este chico, ¿cómo podría saber que fue mi mejor amigo? Si aún vive tal vez podría entrevistarme con él. Pero si fuera famoso, ¡tal vez ni siquiera querría verme! O podría estar en prisión, o demente, o en coma, o simplemente de poco humor para estas cosas. Tendría que acercarme y decirle «¿Te acuerdas de mí?». Si respondiera que sí, ¿le creería? Si dijera que no, ¿qué prueba eso sobre nuestra relación? Solo que a él también se le olvidó. O tal vez que mi padre tiene mala memoria. Tal vez confundió a Bobby Edwards con Jimmy Russell; Edwards era en realidad el chico de los periódicos, con quien yo no tenía trato, y Russell mi mejor amigo de tercer curso. Por supuesto que podría averiguar todo esto, pero no tiene importancia. Sería mucho más significativo poder volver a mirar los dibujos de ese libro de Kipling. Me pregunto si me excitaría aún ver el hombre atado con las mujeres nativas saltando sobre su espalda. Ya que recuerdo la imagen, estoy bastante seguro de que los viejos sentimientos regresarían también. De hecho, el mero recuerdo funciona como garantía de que lo harían.

Usamos la Historia y la memoria para intentar capturar el pasado y traerlo al presente con el fin de comprendernos mejor a nosotros mismos ahora. Las usamos para interpretar el pasado y así interpretar el presente y, tal vez, predecir mejor el futuro. Dependemos de ellas para orientarnos en la confusión de nuestro propio tiempo, y buscar los antecedentes de nuestra situación y conocimientos presentes. Son funciones críticas, pero la memoria tiene además otra función, que comparte con la Historia pero en menor grado. Me refiero al carácter esencialmente moral de la memoria.

La memoria es moral. No me refiero a «bien y mal» en el sentido habitual. No tenemos recuerdos buenos o malos. Pueden ser exactos, equivocados, fantasiosos, pero esa no es la cuestión. Me refiero más bien a la memoria como algo moral en ese sentido general en que lo es la acción humana. ¿Cómo nos vemos a nosotros mismos como humanos, cómo concebimos la vida buena, los actos virtuosos, las relaciones interpersonales? Estas son todas cuestiones que surgen de nosotros en tanto que agentes morales. Al hacer nuestro el pasado, lo reconocemos e incorporamos en nuestras vidas presentes. Asumimos así una cierta identidad. Esa identidad es de carácter fundamentalmente moral porque es un juicio sobre nosotros mismos, acerca de lo que somos y lo que esperamos llegar a ser. Al entender eso nos situamos en el mundo y actuamos en consecuencia.

No me refiero a nuestra «psicología», sino a nuestra vida moral. Lo que somos, lo que fuimos y lo que esperamos ser pertenece al ámbito moral. Son juicios de valor, interpretaciones de nuestra persona. Desde esta perspectiva, el yo es fundamentalmente una categoría moral. No negaré que la memoria pueda ser también una facultad mediante la que comprendemos y ordenamos nuestro mundo. Es ciertamente parte de la agencia mental a la que llamamos «conocimiento». Pero lo que hace moral a la memoria es que *elegimos* nuestras rememoraciones, construyéndolas dentro de una estructura particular que tiene valor para nosotros. Es esa carga valorativa de la memoria lo que radicalmente modula su estatus cognoscitivo. Como la memoria no tiene por qué ir más allá del ámbito privado, puede reflejar con seguridad nuestros valores más íntimos y personales, y ayudarnos a vivirlos. En circunstancias normales no intentamos convertir nuestros recuerdos en Historia verificable o conocimiento objetivo (esto es, público). Podemos hacerlo, pero generalmente nos basta con fiarnos de nuestra memoria, porque es sobre nosotros, y nosotros vivimos con nuestra subjetividad, dependemos de ella. En este sentido tan relevante, la memoria es un medio de identificarnos a nosotros mismos.

La Historia es distinta por su carácter público. Los historiadores generan conocimientos comunes e intentan hacerlo siguiendo el método científico. La ciencia, ostensiblemente el modelo epistemológico de todo el conocimiento humano, cuyo método pretende ser la forma de conocimiento más independiente, tiene criterios estrictos para aceptar los hechos y las teorías. La explicación científica debería ser consistente, simple, cohesiva, predictiva y tan completa como sea posible. Estos son medios altamente efectivos para obtener ciertas clases de conocimientos sobre el mundo, y esas características de la ciencia las valoramos como objetivas. Pero la objetividad surge del consenso, y los estándares de consenso están siempre cambiando. Los criterios de verificación tienen una larga historia de metamorfosis; las asunciones sobre la racionalidad se modifican de manera similar; incluso la Verdad no puede considerarse como algo estable. Hemos llegado a la humilde conclusión de que el conocimiento está en constante evolución, que aunque hayamos llegado a cierta meseta de erudición nunca podemos descansar en ella, sino que solo nos sirve como plataforma para nuestra siguiente empresa científica. El método científico —uno de los pilares de nuestra civilización— está construido a partir de un sistema de valores, y esos valores están bajo revisión constante, modulándose según la sofisticada evolución de nuestras necesidades.

La Historia comparte con la ciencia muchos de esos valores y límites epistemológicos. Aunque no tenemos la posibilidad de experimentar con ella, y el «qué hubiera pasado si…» solo puede servir como retórica a la hora de establecer los hechos, los historiadores, en tanto que agentes públicos de nuestro pasado colectivo, están comprometidos a emplear medios objetivos para recuperar el pasado. Aunque puede haber mucha laxitud en la interpretación, las narraciones históricas deben ser verídicas, algo que no puede determinarse de la misma manera que en la ciencia natural, sino mediante el continuo debate en el foro crítico. Por lo tanto, lo que tenemos son muchas historias, porque no hay una sola narración, crónica, película, testimonio, museo o archivo de la que pueda decirse que sea completa o autosuficiente. Ningún historiador o escuela de análisis histórico puede aspirar a contar más que un pequeño aspecto del pasado. Cada perspectiva es diferente y valiosa. Necesitamos muchos testimonios, y ni siquiera en su conjunto pueden capturar el pasado por completo. Pero debemos intentarlo, y esta es la otra dimensión en la que la Historia mantiene una gran afinidad con la memoria: la Historia se vuelve moral en el ámbito público, de igual manera que la memoria es una actividad moral en el ámbito individual.

Miramos al pasado a través del prisma de nuestros valores actuales, y traemos el pasado al presente, proyectándolo incluso hacia el futuro como si fuera nuestro «destino manifiesto». Reinterpretamos nuestra evolución social desde la perspectiva que nos ofrecen nuestros conocimientos actuales, y aunque los historiadores son conscientes de los riesgos del anacronismo —contemplar el pasado en términos de nuestro propio momento cultural—, no podemos escapar por completo de los límites de la cultura en la que nos movemos y de la manera de ver las cosas que nos ha legado. De los actos de memoria (y olvido) que compartimos emerge una naturaleza histórica particular, y así la Historia, concebida como una actividad social, se convierte en el medio crucial por el que nos definimos como un grupo, de manera análoga a como la memoria ayuda al individuo a definirse. La memoria es constitutiva de nuestras identidades personales, y la Historia, firmemente situada en el ámbito cívico, se convierte en constitutiva de la identidad social. Como bien explica la historiadora Paula Fredriksen, «el pasado no se preserva sino que más bien se rehace en la imagen del presente: el pasado es demasiado importante para dejarlo existir sin más. [...] La narración puede revelar solo el momento y el yo retrospectivos». En ese acto se forja nuestra identidad colectiva.

Estoy atrapado en este movimiento entre Historia y memoria, entre la narración de la experiencia colectiva y la rememoración íntima. Al recordar aquí el pasado, mi memoria se vuelve pública, pero no lo hago como Historia formal (así que no me disculpo por la laxitud con la que la he registrado), sino como un intento de capturar mi pasado y llevarlo al presente para examinarlo públicamente. A través de la confesión he intentado articular una experiencia que refleje nuestros dilemas morales ordinarios y que reflexione sobre cómo yo, un individuo, puedo articular un problema comunal con una voz pública. Al especular sobre el triunfo de la medicina científica y su imperativo tecnológico nos acordamos de una vocación más antigua, una que la Historia y la memoria pueden ayudarnos a reconstruir, y así reorientarnos hacia el cuidado del otro. Al ir haciéndome progresivamente consciente de la parte que me ha tocado desempeñar en la medicina de finales del siglo XX, he buscado expresar esa vocación mediante los ecos de mis experiencias lejanas. Solo al explorar las cavernas de mi memoria he podido comenzar a plantear una respuesta a nuestra situación actual, pues el pasado, por muy esquivo que sea, sigue siendo nuestro anclaje; sin esa amarra quedaríamos irremediablemente a la deriva.

Notas bibliográficas

Los interesados en obtener referencias sobre las cuestiones planteadas en este ensayo pueden dirigirse a mis escritos anteriores o encaminarse en la dirección de aquellos trabajos que de forma particular han formado mi propio pensamiento. No hago ningún esfuerzo aquí por ofrecer una revisión bibliográfica exhaustiva, sino que me conformo con ofrecer al lector algunas recomendaciones. En esta lista menciono expresamente los textos que he utilizado, pero que no cito directamente en el texto. Al final de estas referencias generales he incluido las referencias específicas del material citado.

En lo que respecta a la formación médica, véase mi artículo «The Two Faces of Medical Education: Flexner and Osler Revisited» *(Journal of the Royal Society of Medicine 85* [1992]: 598-602). Allí se pueden encontrar referencias que documentan el desarrollo histórico de la formación clínica moderna, el papel de Osler y Peabody, y una exposición de los incipientes esfuerzos que actualmente se llevan a cabo para enseñar humanidades médicas. Quienes estén más interesados en estudiar las vidas e influencia de Osler y Peabody deberían leer el trabajo clásico de Harvey Cushing, *The Life of Sir William Osler* (Oxford: Clarendon Press, 1925), o el reciente y más breve estudio de Charles S. Bryan, *Osler: Inspirations from a Great Physician* (Oxford: Oxford University Press, 1997); y Paul Oglesby, *The Caring Physician: The Life of Dr. Francis W. Peabody* (Boston: The Countway Library, 1991).

La relación entre la ciencia básica y la formación y la práctica médicas es un tema muy sugerente, y yo recomendaría para un tratamiento más completo a George Rosen, *The Structure of American Medical Practice, 1875-1941* (Philadelphia: University of Pennsylvania Press, 1983); John S. Haller, *American Medicine in Transition, 1840-1910* (Urbana: University of Illinois Press, 1981); Kenneth M. Ludmerer, *Learning to Heal: The Development of American Medical Education* (Nueva York: Basic Books, 1985); William G. Rothstein, *American Medical Schools and the Practice of Medicine: A History* (Oxford: Oxford University Press, 1987); y *The care of Strangers: The Rise of America's Hospital System* (Nueva York: Basic Books, 1987). John Harley Warren ofrece una excelente síntesis del cambio de perspectiva en torno a la ciencia que se ha dado en medicina en «Science in Medicine», *Osiris*, 2d series, 1 (1985): 37-58.

Nuestra orientación científica actual en medicina es discutida en mi artículo «Darwinian Aftershocks: Repercussions in Late Twentieth-Century Medicine» *(Journal of the Royal Society of Medicine 87* [1994]: 27-31), y para una discusión detallada de la revolución reduccionista en biología al final del siglo XIX véase mi trabajo sobre los principios de la inmunología, correalizado con Leon Chernyak: *Metchnikoff and the Origins of Immunology: From Metaphor to Theory* (Nueva York: Oxford University Press, 1991). Para un estudio de cómo la ciencia respondió ante una oportunidad de apoyarse en la medicina, véase Robert E. Kohler, *From Medical Chemistry to Biochemistry: The Making of a Biomedical Discipline* (Cambridge: Cambridge University Press, 1982).

En mi opinión, el texto más influyente en lo que respecta a la evolución de la medicina del siglo XX como institución social y a las consecuencias económicas del triunfo de los médicos sobre otro tipo de practicantes clínicos es Paul Starr, *The Social Transformation of American Medicine: The Rise of a Sovereign Profession and the Making of a Vast Industry* (Nueva York: Basic Books, 1982). Debido al auge de las críticas a la práctica médica contemporánea y a sus consecuencias económicas, se me hace difícil elegir entre los distintos ideólogos. Creo suficiente hacer notar que este ataque puede convenientemente (si no arbitrariamente) asociarse con la obra de Ivan Illich *The Medical Nemesis: The Expropriation of Health* (Nueva York: Random House, 1976)[1], un producto de los radicales años 60, pero hoy todavía relevante para comprender la erosión de la confianza pública en el médico. Entre los que se posicionaron más críticamente con el rol de guardianes de la sociedad de los médicos se encuentra Thomas Szasz. En su obra *The Myth of Mental Illness* (Nueva York: Hoeber-Harper, 1961)[2], atacó de manera específica la institucionalización de los enfermos mentales, pero fue también vista como una crítica de los tintes autoritarios de una medicina generalmente paternalista.

Recientemente han aparecido abundantes análisis en torno a la economía y la política de la atención sanitaria, de los cuales voy a mencionar solo algunos de los más interesantes: George Anders, *Health Against Wealth: HMOs and the Breakdown of Medical Trust* (Nueva York: Houghton Mifflin, 1996); Robert H. Blank, *The Price of Life: The Future of American Health Care* (Nueva York: Columbia University Press, 1997); Regina E. Herzlinger, *Market-Driven Health Care: Who Wins, Who Loses in the Transformation of America's Largest Service Industry* (Reading, MA: Addison-Wesley, 1997); David J. Rothman, *Beginnings Count: The Technological Imperative in American Health Care* (Nueva York: Oxford University Press, 1997). Un resumen accesible de los esfuerzos actuales para evaluar la calidad de la atención se encuentra en una serie de seis artículos ofrecidos por *The New England Journal of Medicine 335* (1996).

En lo concerniente a las cuestiones filosóficas, hay diversos temas generales que han predominado en este ensayo. El primero apunta a la filosofía moral actual, y aquí yo me limitaría a señalar los trabajos de John Caputo, Alasdair MacIntyre y Bernard Williams como excelentes exposiciones sobre la ética contemporánea

[1] Ivan Illich, *Némesis médica: la expropiación de la salud* (Barcelona: Barral, 1975).

[2] Thomas Szasz, *El mito de la enfermedad mental* (Buenos Aires: Amorrortu, 1982).

de tradición anglosajona. Textos representativos son: John Caputo, *Against Ethics* (Bloomington: Indiana University Press, 1993) —incluye una interesante crítica de Levinas—; Alasdair MacIntyre, *After Virtue*, 2d ed. (Notre Dame: Notre Dame University Press, 1984) —véase especialmente el capítulo 15 para una articulada tesis de cómo la «narrativa» es fundamentalmente moral, el «género esencial para caracterizar las acciones humanas» (p. 208)[3]—; Bernard Williams, *Ethics and the Limits of Philosophy* (Cambridge: Harvard University Press, 1985)[4].

El argumento más básico se refiere a la posibilidad misma de hacer filosofía, y aquí los escritos de Ludwig Wittgenstein han sido los más influyentes. Para una introducción accesible a su pensamiento véase Alan Janik y Stephen Toulmin, *Wittgenstein's Vienna* (Nueva York: Touchstone, 1973)[5], y para un comentario filosóficamente más sofisticado, Joachim Schulte, *Wittgenstein: An Introduction* (Albany: Sate University of Nueva York Press, 1992); William W. Bartley, III, *Wittgenstein*, 2d ed., (LaSalle, IL: Open Court, 1985)[6]; y Judith Genova, *Wittgenstein: A Way of Seeing* (Nueva York: Routledge, 1995). Un estudio particularmente accesible de cómo Wittgenstein se aproximó a la ética se encuentra en Russell Nieli, *Wittgenstein: From Mysticism to Ordinary Languaje* (Albany: State University of Nueva York Press, 1987). Dentro de un ámbito más general, los interesados en el inestable estado de la filosofía contemporánea pueden acudir a John Rajchman y Cornel West (eds.), *Postanalytic Philosophy* (Nueva York: Columbia University Press, 1985); Kenneth Baynes, James Bohman y Thomas McCarthy (eds.), *After Philosophy: End or Transformation?* (Cambridge, MA: MIT Press, 1986); y James Ogilvy (ed.), *Revisioning Philosophy* (Albany, NY: State University of Nueva York Press, 1992).

[3] Alasdair MacIntyre, *Tras la virtud* (Barcelona: Crítica, 2008).

[4] Bernard Williams, *La ética y los límites de la filosofía* (Caracas: Monte Ávila, 1997).

[5] Alan Janik y Stephen Toulmin, *La Viena de Wittgenstein* (Madrid: Taurus, 1998).

[6] William W. Bartley, III, *Wittgenstein* (Madrid: Cátedra, 1987).

La ética médica es un terreno complicado de atravesar, para lo cual me permito sugerir dos tratamientos específicos y generales. H. Tristram Engelhardt, Jr., *The Foundations of Bioethics* (Nueva York: Oxford University Press) es un argumento filosófico excelentemente defendido y que ha sido muy influyente en su ámbito. Hay dos ediciones del texto; la primera (publicada en 1986) está firmemente comprometida con el ideal de autonomía, mientras que la segunda edición (1996) matiza ese punto de vista al abrazar un suave comunitarismo[7]. La evolución es en sí misma muy importante. Otra interesante aproximación a la filosofía moral comunitarista es la aplicación de la «ética de la lealtad» de Josiah Royce que realiza Griffin Trotter, *The Loyal Physician: Roycean Ethics and the Practice of Medicine* (Nashville: Vanderbilt University Press, 1997), cuya tesis es similar en muchos aspectos a *After Virtue* de MacIntyre (op. cit.). Trotter sostiene que el médico, en el intento de conciliar sus propias necesidades de auto-diferenciación con las necesidades comunitarias, debe adoptar el ideal de la lealtad, concebida (en lo que algunos podrían considerar como un idealismo ingenuo) como «la devoción voluntaria, profunda y práctica a una causa» (p. 9). Dicha causa, expresada en el encuentro individual entre médico y paciente, solo adoptaría su pleno sentido y estabilidad en el contexto de una comunidad médica en general, con toda la industria sanitaria, los pacientes y los pacientes potenciales (todos nosotros) unidos por la aspiración a la salud óptima de la comunidad. Una ética de la virtud que tenga la lealtad como virtud unificadora enlaza así la noción del yo con la noción de comunidad. Los poco inclinados a lo quijotesco podrían considerar todo esto como una forma elegante de decir que un médico debe estar dedicado a los ideales de la medicina, pero si lo que se busca es un debate serio de por qué «vamos a suponer, por un momento, que una vida moral es algo grande» (p. 12), entonces vale la pena examinar ese libro.

De los libros que ofrecen una visión filosófica más ecléctica, tal vez el mejor sea Tom L. Beauchamp y James F. Childress, *Principles of Biomedical Ethics*, 4.ª ed., (Nueva York: Oxford University

[7] H. Tristram Engelhardt, Jr., *Los fundamentos de la bioética* (Barcelona: Paidós). Primera edición en castellano: 1988. Segunda edición: 1995.

Press, 1994)[8]. Otros textos influyentes son también Robert Veatch, *A Theory of Medical Ethics* (Nueva York: Basic Books, 1981) y Edmund D. Pellegrino y David C. Thomasma, *A Philosophical Basis of Medical Practice* (Nueva York: Oxford University Press, 1981). Considérese también Edmond A. Murphy, James J. Buzow y Edward L. Suarez-Murias, *Underpinnings of Medical Ethics* (Baltimore: The John Hopkins University Press, 1997), un texto que reflexiona sobre la tendencia del autor de prestigio a la lógica y el pensamiento sistemático; y el trabajo clásico sobre el estatus filosófico del paciente de Paul Ramsey, *The Patient as Person: Explorations in Medical Ethics* (New Haven: Yale University Press, 1970). Las bases teológicas de la ética médica se analizan en Stephen E. Lammers y Allen Verhey (eds.), *Theological Perspectives in Medical Ethics* (Grand Rapids, MI: Eerdmans Publishing Company, 1987).

Para tratamientos más prácticos, consúltese Terrance F. Ackerman y Carson Strong, *A Casebook of Medical Ethics* (Nueva York: Oxford University Press, 1989) y John C. Fletcher, Norman Quist y Albert R. Jonsen (eds.), *Ethics Consultation in Health Care* (Ann Arbor, MI: Health Administration Press, 1989). Un conciso pero exhaustivo compendio y una explicación de los derechos de los pacientes son ofrecidos por George J. Annas, *The Rights of Patients: The Basic ACLU Guide to Patient Rights*, 2.ª ed. (Carbondale: Southern Illinois University Press, 1989); un reciente estudio de la autonomía del paciente en el entorno clínico es presentado por Jan C. Hofmann, Neil S. Wenger, Roger B. Davis, et al., «Patient preferences for communication with physicians about end-of-life decisions», *Annals of Internal Medicine, 127* (1997): 1-12; para un comentario judicial concerniente a la responsabilidad fiduciaria del médico, véase Marc A. Rodwin, «Strains in the fiduciary metaphor: Divided physician royalties and the obligations in a changing health care system», *American Journal of Law and Medicine, 21* (1995): 241-257. Robert Zussman ofrece un buen retrato de la actividad de la ética médica en la vida real en *Intensive Care: Medical Ethics and the Medical Profesion* (Chicago: The University of Chicago Press, 1992).

[8] Tom L. Beauchamp y James F. Childress, *Principios de ética biomédica* (Barcelona: Masson, 1999).

Magníficas historias de la ética médica pueden encontrarse en David J. Rothman, *Strangers at the Bedside: A History of How Law and Bioethics Transformed Medical Decision Making* (Nueva York: Basic Books, 1991) y Albert R. Jonsen, *The Birth of Bioethics* (Nueva York: Oxford University Press, 1998). Robert Baker ofrece una historia más breve en «The History of Medical Ethics», en W. F. Bynum y R. Porter (eds.), *Companion Encyclopedia of the History of Medicine* (Nueva York y Londres: Routledge, 1993), pp. 852-887. Para comprobar la influencia del postmodernismo en la ética médica, véase Paul A. Komesaroff (ed.), *Troubled Bodies. Critical Perspectives on Postmodernism, Medical Ethics, and the Body* (Dirham: Duke University Press, 1995). Ejemplos de posiciones afines en general a mi propia visión de la ética aplicada podrían ser Seymour M. Glick, «Humanistic medicine in a modern age», *New England Journal of Medicine, 304* (1981): 1036-1038, y David Roochnik, «Applied ethics: Some Platonic questions», *Philosophy in Context, 17* (1987): 40-51.

La literatura reciente sobre filosofía médica es en términos generales sorprendentemente escasa. Las obras más importantes son traducciones de trabajos europeos: Georges Canguilhem, *The Normal and the Pathological* (Nueva York: ZONE Books, 1989)[9]; Michel Foucault, *The Birth of the Clinic: An Archaeology of Medical Perception* (Nueva York: Random House, 1973)[10]; y Hans-Georg Gadamer, *The Enigma of Health* (Palo Alto: Stanford, 1996)[11]. Dos visiones generales accesibles son Edmund D. Pellegrino y David C. Thomasma, *A Philosophical Basis of Medical Practice* (op. cit.) y Henrik R. Wulff, Stig Pedersen y Raben Rosenberg, *Philosophy of Medicine: An Introduction*, 2.ª ed. (Oxford: Blackwell Scientific Publications, 1990)[12]. La posición relativa de la filosofía médica con respecto a su vástago,

[9] Georges Canguilhem, *Lo normal y lo patológico* (México: Siglo XXI, 1986).

[10] Michel Foucault, *El nacimiento de la clínica: una arqueología de la mirada médica* (Madrid: Siglo XXI, 2007).

[11] Hans-Georg Gadamer, *El estado oculto de la salud* (Barcelona: Gedisa, 2001).

[12] Henrik R. Wulff, Stig Pedersen y Raben Rosenberg, *Introducción a la filosofía de la medicina* (Madrid: Triacastela, 2006).

la ética médica, es fácil de apreciar si uno observa los pocos títulos disponibles que se ocupan de las numerosas cuestiones filosóficas que podrían abordarse en medicina en comparación con la gran cantidad de libros sobre ética médica.

En EE.UU. parece que hemos elegido enseñar medicina humanista de manera sociológica: ha surgido una disciplina que trata las cuestiones filosóficas intentando definir distintas perspectivas culturales comparadas de la experiencia de la enfermedad, analizando la influencia de los factores sociales en la salud y la enfermedad, y delimitando la «cultura» de la medicina y la práctica médica. Estos son en apariencia análisis sociológicos y antropológicos, pero fácilmente se pueden percibir, ocultas en estas discusiones, muchas cuestiones que yo he considerado filosóficas. Una buena introducción a este enfoque son los trabajos de Gail E. Henderson, Nancy M. P. King, Ronald P. Strauss, Sue E. Estroff y Larry R. Churchill (eds.), *The Social Medicine Reader* (Durham: Duke University Press, 1997) y de Uta Gerhardt, *Ideas about Illness: An Intellectual and Political History of Medical Sociology* (Nueva York: Nueva York University Press, 1989).

En cuanto al tema general de la individualidad, Charles Taylor, *The Sources of the Self: The Making of Modern Identity* (Cambridge: Harvard University Press, 1989)[13] es el mejor estudio, y para un tratamiento más detallado de mi propia posición, véase mi libro, *The Immune Self: Theory or Metaphor?* (Nueva York: Cambridge University Press, 1994). Allí se puede encontrar una discusión más completa de Nietzsche, y también en «A typology of Nietzsche's biology», *Biology and Philosophy, 9* (1994): 24-44. En lo que atañe al concepto de salud y enfermedad nietzscheano, véase mi artículo conjunto con Scout H. Podolsky, «Nietzsche's conception of health—the idealization of struggle», en Babette Babich y Robert S. Cohen (eds.), *Nietzsche, Epistemology, and Philosophy of Science*, vol. 2 (Dordrecht: Kluwer Academic Publishers, 1998, pp. 338-353). Expongo mi punto de vista sobre la ética de Nietzsche en dos artículos: «On the transvaluation of values: Nietzsche *contra* Foucault», en Kostas Gavrog-

[13] Charles Taylor, *Fuentes del yo: la construcción de la identidad moderna* (Barcelona: Paidós, 2006).

lu, John Stachel y Marx W. Wartofsky (eds.), *Science, Mind and Art: Papers in Honor of Robert S. Cohen* (Dordrecht: Kluwer Academia Publishers, 1995, pp. 349-367); y «From the self to the other: Building a philosophy of medicine», en Michael A. Grodin (ed.), *Meta-Medical Ethics: The Philosophical Foundations of Bioethics* (Dordrecht: Kluwer Academia Publishers, 1995, pp. 149-195). Hay una literatura inmensa de estudios sobre Nietzsche, y me gustaría destacar dos por la manera de tratar las cuestiones discutidas aquí. En primer lugar, en lo que respecta al yo, recomendaría Leslie P. Thiele, *Friedrich Nietzsche and the Politics of the Soul* (Pricenton: Pricenton University Press, 1990), y para un análisis más detallado del eterno retorno desde la perspectiva adoptada aquí, véase Arthur Nehamas, *Nietzsche: Life as Literature* (Cambridge: Harvard University Press, 1985).

Abordo mi interpretación de la filosofía de Levinas en dos artículos: «From the self to the other», op. cit., y «Outside the subject: Levinas's Jewish perspective on time», *Graduate Faculty Philosophy Journal* (Fall, 1998). Las grandes obras de Levinas han sido traducidas, siendo las más importantes *Totality and Infinity* [1961] (Pittsburgh: Duquesne University Press, 1969)[14] y *Otherwise than Being or Beyond Essence* [1974] (Dordrecht: Kluwer Academia Publishers, 1991)[15]. Magníficas críticas de su trabajo son Edith Wyschogrod, *Emmanuel Levinas: The Problem of Ethical Metaphysics* (La Haya: Martinus Nijhoff, 1974) y Arthur Peperzak, *To the Other: An Introduction to the Philosophy of Emmanuel Levinas* (Purdue: Purdue University Press, 1993). Ensayos valiosos se encuentran en Robert Bernasconi y Simon Critchley (eds.), *Rereading Levinas* (Bloomington: Indiana University Press, 1991) y R. A. Cohen (ed.), *Face to Face with Levinas* (Albany: State University of Nueva York Press, 1986). Una posición filosófica similar, pero procedente de una tradición distinta es la ofrecida por Knud E. Logstrup, *The Ethical Demand* (Philadelphia: Fortress Press, 1971), y para una interpretación

[14] Emmanuel Levinas, *Totalidad e infinito: ensayo sobre la exterioridad* (Salamanca: Sígueme, 2006).

[15] Emmanuel Levinas, *De otro modo que ser, o más allá de la esencia* (Salamanca: Sígueme, 2003).

más «sociológica» de cómo la ética es aporética y no-fundacional, véase Zygmunt Bauman, *Postmodern Ethics* (Oxford: Blackwell Publishers, 1993)[16]. La filosofía relacional que he expuesto aquí también se puede tratar bajo un título filosófico diferente como *dependencia;* véase Richard Vance, «Medicine as a dependent tradition: Historical and ethical reflections», *Perspectives in Biology and Medicine* 28 (1985): 282-302.

Los escritos sobre enfermedad, sufrimiento y muerte han despertado mucho interés general. Este género se ha hecho un lugar entre los títulos más vendidos con obras como Elisabeth Kubler-Ross, *On Death and Dying* (Nueva York: Macmillan, 1969)[17]; más recientemente, Sherwin Nuland logró el reconocimiento tanto del público como de la crítica con *How We Die: Reflections on Life's Final Chapter* (Nueva York: Knopf, 1993)[18], una obra que cuenta con testimonios realmente conmovedores. Experiencias personales con la muerte, como Peter Noll, *In the Face of Death* (Nueva York: Penguin, 1989),[19] o sobre la convalecencia, tales como Norman Cousins, *Anatomy of an Illness as Perceived by the Patient* (Nueva York: Norton, 1979)[20], o May Sarton, *After the Stroke: A Journal* (Nueva York: Norton, 1988), ofrecen a menudo historias inspiradas que proporcionan un complemento a los estudios más analíticos. Sobre esto último, Eric Cassell, *The Nature of Suffering and the Goals of Medicine* (Nueva York: Oxford University Press, 1991); S. Kay Toombs, *The Meaning of Illness* (Dordrecht: Kluwer Academia Publishers, 1992); y Anne Hunsaker Hawkins, *Reconstructing Illness: Studies in Pathography* (Purdue: Purdue University Press, 1993) son ejemplos representativos de erudición en la materia.

[16] Zygmunt Bauman, *Ética posmoderna* (Madrid: Siglo XXI, 2009).

[17] Elisabeth Kubler-Ross, *Sobre la muerte y los moribundos* (Barcelona: Debolsillo, 2003).

[18] Sherwin Nuland, *Cómo morimos: reflexiones sobre el último capítulo de la vida* (Madrid: Alianza, 2007).

[19] Peter Noll, *Palabras sobre el morir* (Barcelona: Destino, 1990).

[20] Norman Cousins, *Anatomía de una enfermedad: o la voluntad de vivir* (Barcelona: Cairos, 2006).

El problema más específico de la empatía del medico hacia el paciente también se ha convertido en un erudito ámbito académico. Tres antologías ofrecen perspectivas diversas: John D. Stoeckle (ed.), *Encounters between Patients and Doctors* (Cambridge: The MIT Press, 1987); Howard M. Spiro, Mary G. M. Curnen, Enid Peschel y Deborah St. James (eds.), *Empathy and the Practice of Medicine: Beyond Pills and the Scapel* (New Haven: Yale University Press, 1993), y Ellen Singer More y Maureen A. Milligan (eds.), *The Empathetic Practitioner* (Rutgers: Rutgers University Press, 1994). No he profundizado deliberadamente en el terreno más complejo de por qué la empatía es un problema, es decir, en las posibles formas de resistencia psicológica que experimentan los doctores en el cuidado de los pacientes. Una introducción informativa a esta cuestión es Howard F. Stein (ed.), *The Psychodynamics of Medical Practice: Unconscious Factors in Patient Care* (Berkeley: University of California Press, 1985).

Finalmente, el papel central de la narrativa, que sirve para ilustrar tanto la dinámica de la compasión profesional como la posición moral aquí desarrollada, es examinada desde una perspectiva diferente por Kathryn Montgomery Hunter en *Doctor's Stories: The Narrative Structure of Medical Knowledge* (Princeton: Princeton University Press, 1991) y de manera más general por Alasdair MacIntyre, *After Virtue* (op. cit.)[21]. Pueden encontrarse críticas de esta orientación en Hilde L. Nelson, *Stories and Their Limits* (Nueva York y Londres: Routledge, 1997). Pero tal vez las mejores descripciones del encuentro empático entre doctor y paciente sean los retratos literarios del médico compasivo, de los cuales John Berger, *A Fortunate Man: The Story of a Country Doctor* (Nueva York: Vintage [1967] 1997)[22] está entre los mejores.

[21] Alasdair MacIntyre, *Tras la virtud* (op. cit.).

[22] John Berger, *Un hombre afortunado* (Madrid: Alfaguara, 2008).

Referencias

Las referencias bibliográficas completas del material citado se enumeran a continuación por capítulos.

Introducción: Alasdair MacIntyre, *After Virtue*, 2.ª ed., op. cit., p. 216;[1] las estadísticas están tomadas de Andrew Hacker, «The medicine in our future», *Nueva York Review of Books, 44* (1997): 26-31.

Capítulo 1: Francis W. Peabody, «The physician and the laboratory», *Boston Medical and Surgical Journal, 187* (1922): 324-327; *idem.*, *The Care of the Patient* (Cambridge: Harvard University Press, 1927), pp. 10, 48.

Capítulo 2: Sunsan Sontag, *Illness and Its Metaphors and AIDS and Its Metaphors* (Nueva York: Farrar, Straus & Giroux, 1989), pp. 43-44;[2] Max Navarre, «Fighting the victim label», en Douglas Crimp (ed.), *AIDS: Cultural Analysis, Cultural Activisim* (Cambridge: The MIT Press, 1988), pp. 143-146.

Capítulo 3: William James, *The Principles of Psychology* (Cambridge: Harvard University Press, 1983), p. 290;[3] C. S. Lewis, «Preface»,

[1] Alasdair MacIntyre, *Tras la virtud* (op. cit.).

[2] Susan Sontag, *La enfermedad y sus metáforas y El SIDA y sus metáforas* (Madrid: Taurus, 1996).

[3] William James, *Principios de psicología* (México: FCE, 1994).

en D. E. Hardin, *The Hierarchy of Heaven and Earth* (Nueva York: Harper and Brothers, 1952), p. 10.

Capítulo 4: Zygmunt Bauman, *Postmoderm Ethics*, op. cit., p. 13;[4] John Caputo, *Against Ethics*, op. cit., p. 7; Bernard Williams, *Ethics and the Limits of Philosophy*, op. cit., pp. 4, 8;[5] Alasdair MacIntyre, *After Virtue*, op. cit., p. 2;[6] William James, *The Principles of Philosophy*, op. cit., p. 278;[7] Norman Daniels, *Justice and Justification: Reflective Equilibrium in Theory and Practice* (Nueva York: Cambridge University Press, 1996); L. Wayne Summer and Joseph Boyle, «Introduction», en L. Wayne Summer and Joseph Boyle (eds.), *Philosophical Perspectives on Bioethics* (Toronto: University of Toronto Press, 1996), p. 5; Maimónides citado en Shimon M. Glick, «Research in a Hierarchy of Values», *The Mount Sinai Journal of Medicine, 59* (1992): 102-107; *idem.*, «The empathetic physician: Nature and nurture», en *Empathy and the Practice of Medicine: Beyond Pills and the Scapel*, H. M. Spiro, M. G. M. Curnen, E. Peschel y D. St. James (eds.), op. cit., pp. 85-102 (cita de la p. 90).

Capítulo 5: Howard Brody, *Ethical Decisions in Medicine*, 2d ed. (Boston: Little, Brown and Co., 1981), p. 5; C. S. Lewis, *The Abolition of Man* (Nueva York: Macmillan, 1947), p. 40;[8] Marc A. Rodwin, «Strains in the fiduciary metaphor» (op. cit.), pp. 249, 254; Savonarola citado en Maurice B. Strauss (ed.), *Familiar Medical Quotations* (Boston: Little, Brown and Co., 1968), p. 399; Nathaniel Hawthorne, *The Scarlet Letter* (Nueva York: Dell Publishing Co., 1960), pp. 158-159 (Capítulo 9);[9] John Berger, *A Country Doctor* (op. cit.), citas, en este orden, de las pp. 75, 76 y 62.[10]

[4] Zygmunt Bauman, *Ética posmoderna* (op. cit.).

[5] Bernard William, *La ética y los límites de la filosofía* (op. cit.).

[6] Alasdair MacIntyre, *Tras la virtud* (op. cit.).

[7] William James, *Principios de psicología* (México: FCE, 1994).

[8] C. S. Lewis, *La abolición del hombre* (Madrid: Encuentro, 2007).

[9] Nathaniel Hawthorne, *La letra roja* (Madrid: Espasa-Calpe, 1998), capítulo 9.

[10] John Berger, *Un hombre afortunado* (op. cit.).

Capítulo 6: Milan Kundera, *The Unbearable Lightness of Being* (Nueva York: Harper and Row, 1987), p. 5.[11]

Epílogo: Paula Fredriksen, «Paul and Augustine: conversation narratives, orthodox traditions, and the retrospective self», *Journal of Theological Studies, 37* (1986): 33-34.

[11] Milan Kundera, *La insoportable levedad del ser* (Barcelona: Tusquets, 2006).

Índice